内德维德自传

Pavel Nedved
La Mia Vita Normale

钢铁之心

［捷］帕维尔·内德维德　著

王实刚　译

北京出版集团公司

北京出版社

著作权合同登记号

图字：01-2015-7382

Pavel Nedved La mia vita normale

© 2012 add editore, Torino

The simplified Chinese translation rights arranged through Rightol Media

（本书中文简体版权经由锐拓传媒取得。Email:copyright@rightol.com）

2016 年中文版专有出版权属于北京出版集团公司，未经书面许可，不得翻印或以任何形式和方法使用本书中的任何内容和图片。

图书在版编目（CIP）数据

内德维德自传：钢铁之心 /（捷）内德维德著；王实刚译. — 北京：北京出版社，2016.4

ISBN 978 - 7 - 200 - 11968 - 8

I. ①内… II. ①内… ②王… III. ①内德维德－自传 IV. ①K835.145.47

中国版本图书馆 CIP 数据核字（2016）第 057341 号

内德维德自传

钢铁之心

NEIDEWEIDE ZIZHUAN

［捷］帕维尔·内德维德　著

王实刚　译

*

北 京 出 版 集 团 公 司

北 京 出 版 社　出版

（北京北三环中路 6 号）

邮政编码：100120

网　　址：www．bph．com．cn

北 京 出 版 集 团 公 司 总 发 行

新 华 书 店 经 销

北京旭丰源印刷技术有限公司印刷

*

710 毫米×1000 毫米　　16 开本　　11 印张　　150 千字

2016 年 4 月第 1 版　2016 年 4 月第 1 次印刷

ISBN 978 - 7 - 200 - 11968 - 8

定价：49.80 元

质量监督电话：010 - 58572393

责任编辑电话：010 - 58572511

学校时光，我是第一排左起第三个

我的第一支球队——斯卡尔纳，我是第一排左起第三个扶球的

还是斯卡尔纳少年队，我是前排左起第二个金发小子。举牌的那个老爷爷就是传奇门将普拉尼卡

教练说话时，我总是全神贯注

加入比尔森的第一张照片，我是左下角坐着的那个，照片中心是扎劳德克教练

我的铲球总是恰到好处

罗马德比，永远是世界上最激情四射的比赛之一

某场比赛后佐夫为我颁奖

捷克的优良传统……左边那堆啤酒杯后的是我的妻子伊瓦娜（左一）

我的金色短发上又罩了一头金色长发

为国家队攻入一球后激动的我

拿着捷克国旗庆祝胜利

在拉齐奥，那时我还是短发

1996年7月在拉齐奥足球俱乐部拍摄的照片，那些在拉齐奥度过的美好时光，我永不忘怀

这是我无数个破门瞬间之一

罗西基进球了！太棒了伙计

2000年欧锦赛合影

与阿隆索争抢

每次，我都拼尽全力

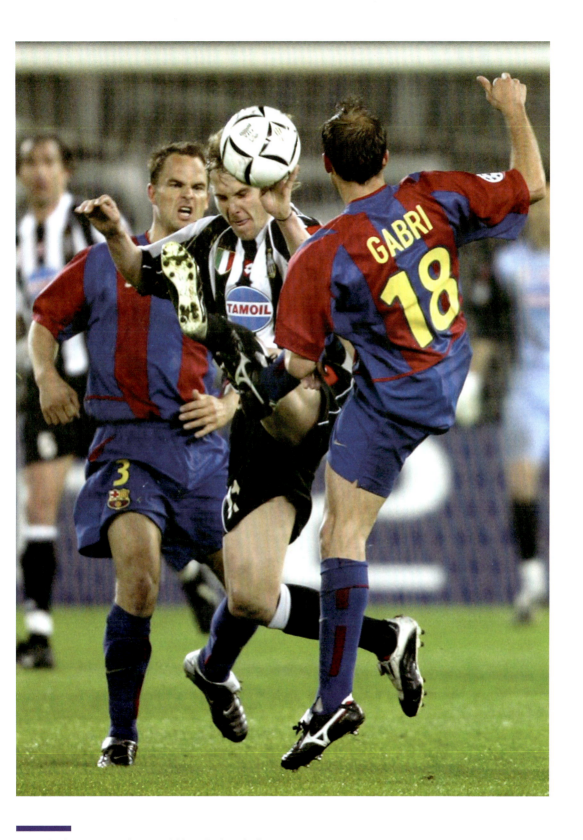

2003年欧洲冠军联赛上，我被巴萨球员左右夹击

击败皇马，是尤文图斯的无数个辉煌成就之一

和布冯在一起。他是位完美的门将

我明白我在球迷心中所扮演的角色，我绝不会辜负球迷的热爱，这对于我是一种责任

当全场的闪光灯开始闪烁，我知道自己身上背负了什么

备战与拉脱维亚的比赛，帮队友洛克文茨做拉伸

里皮是个严师，他点燃了我心中的"燃料"

法比奥·卡佩罗，我们的"铁血将军"

胜利总是让人狂喜，我喜欢这样的时刻

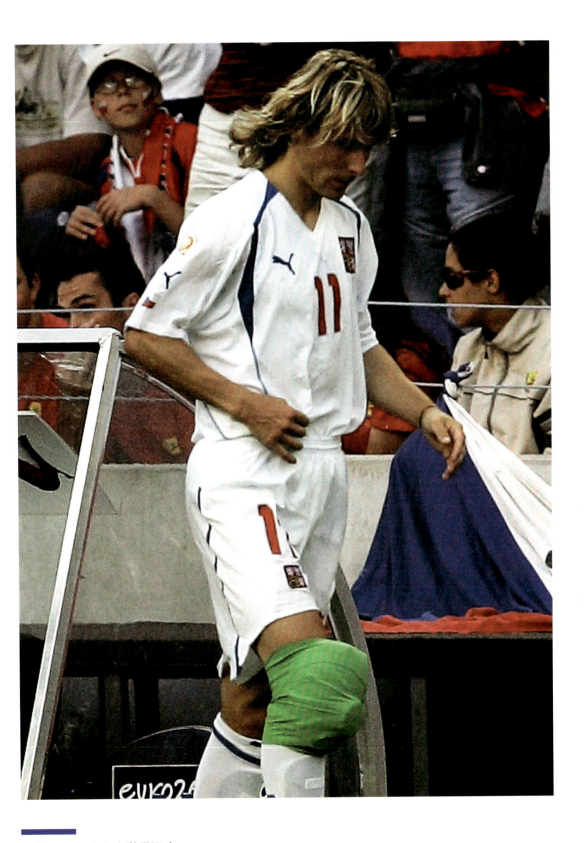

因伤下场，这让我觉得沮丧

我记得这个进球，它让我们逼平了拉科鲁尼亚

和队友参加新闻发布会

进球的时候，我觉得自己是在乘着风

我身上穿着11号球衣，那永远是我的号码

是的，我痛恨每一次失败

捷克球迷，那些在背后默默支持我们的人

庆祝属于我们的胜利

对于足球，永远没有告别

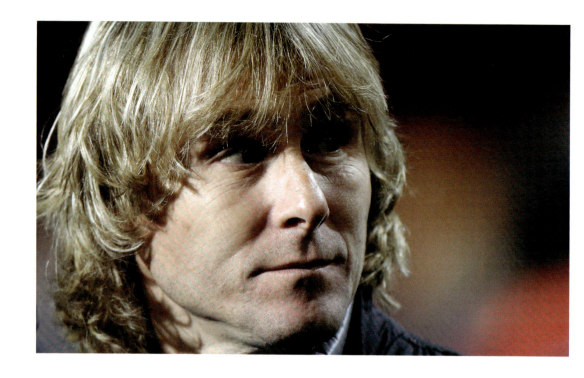

回望我的职业生涯，那些激情时刻将伴随我的一生

退役后，我成了尤文图斯的经理，这是一种莫大的信任和深情

在捷克参加2014—2015赛季欧冠抽签仪式

和自己的蜡像站在一起，这种感觉真有趣儿

——献给伊瓦娜和我的孩子们

　　我怀着高兴和激动的心情等待我的中文版自传的出版，对我来说这是一份巨大的荣耀，我希望读者们能在这本书里了解我的生活以及我职业生涯成功的秘密。

　　我经常收到来自全世界球迷的信件，但来自中国的信最多。中国球迷问候我，向我提问，有的球迷还送我小礼物，我尽量回复每一位球迷，我希望每一位给我写信的球迷都能看到这本书。有些球迷会在信中加上几句中文，我每次都找翻译解释给我听。总而言之，阅读这些信给我带来很大乐趣。

　　目前，我还没机会好好游历过中国，我希望有机会能够全面地了解中国：我的女儿是一个中国迷，她喜欢中国文化，希望学习中文。我会让她读我中文版的自传，这是一个非常好的机会。在我的职业生涯中，我对阵过中国国奥队，那是2007年7月，中国国奥队到意大利拉练，备战2008年奥运会。那场比赛尤文图斯赢了，我还有一个进球，但中国队在那场比赛中给我留下了深刻的印象。我们对中国足球一无所知，那天我们发现自己面对的是一支快速、充满激情的球队，每名球员都有良好的个人技术。我们赢只是赢在战术，或者说赢在我们的经验上。但是，中国队的速度和运动

1

能力给我们留下了深刻的印象。

我相信，中国足球与欧洲足球间的差距总有一天会缩小，中国人越来越重视青训，当这一代的孩子成长起来，一定会有许多人到欧洲俱乐部来踢球。

欧洲足球与中国足球正处在前所未有的大融合阶段：不久前，中国商人王健林买下了马德里竞技20％的股权。足球是一项全球化的运动，中国的时代正在来临。对中国足球尤其是中国年轻球员来说，近距离接触欧洲足球是必要的：中国球员有良好的运动能力，有激情，配上"旧大陆"的足球文化和战术，一定能更上一层楼。也许，不久的将来，尤文图斯会拥有史上第一位中国球员，也许那位球员还是我发现的……

请耐心地阅读本书吧，你会了解足球和欧洲近几十年一些有趣儿的历史。我现在的梦想是，早日到访中国，实地考察中国足球，好能亲眼看看中国的美景，我当然要带上我的女儿。

谢谢各位读者，谢谢给我写信的球迷，谢谢喜爱尤文图斯的朋友，最后还要谢谢世界上每一个热爱足球的人。

1972年是足球历史上神奇的一年，齐达内、里瓦尔多、菲戈和内德维德4位欧洲金球奖得主，在这一年诞生于世界的不同角落。和前3位相比，内德维德在国家队和俱乐部都没有获得任何洲际大赛冠军（世界杯、欧洲杯、欧冠），而且他31岁才获得金球奖，然而，这一切并不妨碍球迷们铭记这位一头金发的球场斗士。

1972年也是孕育捷克足球黄金一代的年份，除了内德维德，波博斯基、博格也在这一年诞生。这3个人联手，在1996年的欧洲杯上刮起一股"东欧旋风"，虽然最终决赛憾负于德国，但内德维德还是说"有一种魔力"将那个夏天变成了"我们职业生涯最美好的回忆"。

在叙述职业生涯前，内德维德花了不少笔墨介绍自己的童年，森林、乡村……读者借此可以了解一个神秘且绚丽的东欧。

著名作家米兰·昆德拉在《笑忘录》中介绍了一个源于波希米亚语，又很难被直译成其他语言的词——力脱思特：发现自身的可悲状况后产生的自我折磨状态，事实上是以自我毁灭作为报复的手段。在内德维德的职业生涯中，有一次著名的力脱思特，那就是2003年欧冠半决赛对皇家马德里的那张黄牌。直到写作本书时，他头脑中那场比赛的时间仍被记作2004年，可见他受到了多大的折磨。

金球奖的评委们是最公正的，他们没有因为那张黄牌而无视内德维德一整年的优异表现，我们普通球迷也不必落入"成王败寇"的俗套。内德维德的伟大，不仅体现在场内，更体现在对家庭的爱，对国家与俱乐部的忠诚，对球迷的真诚，就像他在本书中描述的那样。

让我们希望意甲和捷克国家队都能尽快找到下一个内德维德，这样二者都多了一分复兴的希望。

译者　王实刚

最后一幕

那一天，我让无数男子汉流下了泪。

无论高矮胖瘦，无论他们抱着孩子，抑或哭倒在爱人的怀里。重温他们为我流泪的场景，我不得不说，那是温馨而美好的。那是2009年5月31日，我要结束将近20年的职业生涯，告别绿茵场。

成千上万流着泪的人将我包围，他们为我唱着歌，手上的相机不停地拍着，他们想记录和我一起所剩不多的美好时光。也许球迷们一直认为，球员的最后一场比赛，就像人弥留之际的光阴：人死后当然会开始另一段旅程，但必然缺少阳光和色彩。

我的许多队友则害怕退役之后再也无法享受到掌声和聚光灯，害怕变得平凡。我绝不赞同以上观点。每一次听那些功成名就（抑或碌碌无为）的队友们讲述最后一次以球员身份走出球场那一瞬间的空虚、寂寞，我都不能理解。同样的故事，绝不会发生在我的身上。

那一天，我让无数人流泪，但我自己却没有哭，因为我只是觉得幸福。我一直认为，万事万物都有其存在的理由，那一天，也是一位比我伟大得多的人为我安排好的，因此那一天是完美的。

2009年5月31日，尤文图斯在都灵迎战拉齐奥。我生命中最重要的两家俱乐部，在我球员生涯的最后一战交手，还有比这更巧合的事吗……

尤文图斯那一年的表现很好，拉齐奥却在意甲联赛积分榜下游挣扎，一切似乎都预示着，我的告别之战将变成一场盛会。事实的确如此，不过我还是相信，那场比赛还有着更重要的意义。

任何一位球员到了他职业生涯的最后一个赛季，总会发现双脚不再像以前那样听使唤了，足球不再落到你预想的点了，队友们像骑着摩托，而你像在场上散步。你要使出浑身解数，才能避免观众们发现你的疲惫，才能避免比赛变成噩梦，才能不毁掉你辛辛苦苦建立起来的高大形象。我在最后一个赛季踢了32场联赛，攻入了7个球，最重要的是我还在享受足球。那一个赛季，我比所有队友踢的时间都要长，我的记忆中也没有糟糕表现，因此最后那个下午我带进球场的，是骄傲和满足的情绪，我确定我担当得起所有球迷的爱戴，我从没有过一丝一毫的懈怠。

踏入球场之前，我观察着每一名队友和每一位对手，聆听着看台上的一切声音。我始终面带微笑，平静如水，心怀感激。

可能没有人试过从另一个空间里观察自己吧。我不是说照镜子，我的意思是，仿佛灵魂跳出了自己的身体，你能够从头至脚观察自己的每一个细节。在那一天，我做到了。

这么多年来，大家一直说我的眼神冷峻、严肃、专注，号称"坚冰之眼"。是的，但这只是在踢球的时候，因为在球场上没有事情能够使我分神。在那一天之前，我从未注意过自己的眼睛：当全场的闪光灯开始闪烁，我有一种前所未有的感觉，我开始观察自己。

那场景像一个盛会，一个非常特别的纪念日。我怀着轻松的心情开始比赛，也许那是我职业生涯独一无二的比赛态度，比赛过程也十分轻松，唯一的不完美也许是我没有像所有人期待的那样攻进一个球。

赛前在更衣室里，有人向我介绍比赛结束后的仪式，我假装听着，还不停地点头，心里却想着另外的事情。

工作人员重复着，退役仪式安排得妥妥帖帖：绕场一周，献花，戴围巾，和球场内的每个人拥抱……可我却没有耐心听他们说。

我在更衣室里踱步，我迫不及待要入场了。除了踢球，我不愿意想其他任何事情。小时候在烂泥地里踢球时，我就是这样，我只想着踢球和夺取胜利，留给胜利和休息的时间，以后有的是。

那场美妙的比赛终于开始了，我奔跑、断球、射门，我重复着每一项我擅长的技术，直到下半场第37分钟，那是我——足球运动员帕维尔·内德维德在职业比赛中的最后1分钟。

当然，只要我想，完全可以接到来自世界各地的许多邀请，穿上某一件豪门球衣，再踢上几个赛季。但在我的内心深处，一个清晰而又美妙的声音告诉我，那就是最后的表演了。轻轻地我走了，正如我轻轻地来。

我小跑着下场，大家都向我走过来送上拥抱，球迷们齐声为我歌唱。尽管不想让大家看到，但我的眼里还是噙满了泪水。

从第37分钟到第39分钟，我，帕维尔·内德维德，穿过球场，问候了所有队友、对手，还有那只足球，那只赋予我一切的足球。

半个小时后，我和我的孩子、我的朋友们、队友们以及尤文图斯的工作人员们一起回到球场，举行告别仪式。我身上穿着11号球衣，那永远是我的号码。

尤文图斯俱乐部为我准备了一件327号纪念球衣，象征着我为尤文图斯踢的327场比赛。我完成了仪式的每一个项目，但你们知道现在我脑海中对那一天留存的印象是什么吗？是拉齐奥门将卡里佐的扑救，是2∶0的比分，是我们的胜利。

我理解的足球，我爱的足球，是拼搏，是战斗，是胜利的结果。2009年5月31日以后，我的身体已经告别了足球，但我的内心，却仍旧在随着那黑白色的物体跳动。

我不喜欢被称为前足球运动员、前球星，我不喜欢在任何称呼前加上"前"。

每一段经历，都是我生命的一部分。

书店里，你能找到成千上万本自传，球星、歌星、商人，甚至涉世未深的孩子，都有自传。每一本书，都试图说服读者，主人公是不平凡的，有传奇般的经历。我从不认为自己的故事堪称传奇，即使我有着不平凡的一面，那也是和平凡的一面相伴相生的。我没有因为某些方面杰出的才能而减弱拼搏的动力，奋斗的勇气。我一直在奔跑。

我希望这本书能够带给一些人追逐梦想的勇气，哪怕仅仅一瞬间。

　　我从未如此坦诚地打开心扉。要讲述我的故事并不容易，但我决定用这场告别赛把你们引入我的世界。接下来，请大家把目光投向远方，投向一个很远很远的地方，那是故事开始的地方——海布……

目录
CONTENTS

足球和大自然，这是我在斯卡尔纳全部的童年记忆，是我人生中最宝贵的财富。无论你再让我选择多少次，我还是愿意在那里长大。

第1章　海布

海布是捷克共和国西部的一座边陲小城，我出生在那里，但却没有什么记忆，因为我的童年在斯卡尔纳度过。海布已经没有多少外地人知道了，斯卡尔纳更是名不见经传，这座捷克与德国交界的边境小镇只有2000多位居民。

我生于1972年8月30日，我的国家那时候还叫作捷克斯洛伐克。我在斯卡尔纳度过了不算短的时间，我和我的家人一直住在那里，可从我们的国名到政治制度都已经发生了巨大变革，这真是一种奇妙的体验，就像是某种穿越时间和空间的旅行。

自古以来，我的家乡卡罗维发利手工业发达，商贾云集。我们的土地肥沃，适宜耕作，聪明的工匠根据特殊的土质，烧制一种珍贵的瓷器。在我还是个孩子的时候，家乡已过了最繁盛的时期，只有美丽的大自然一如既往，绿色的森林，蓝色的河流。在我成长的历程中，家乡已经发生了翻天覆地的变化。

在德国和捷克边界，人们自由地交谈。经济逐渐繁荣，所有人都有了新的希望。不过，社会发展也不可避免地带来了阴暗面，各种犯罪尤其是色情业迅速膨胀。东欧的性工作者们从这里涌入德国，大家相信那里的钱赚得轻松又快捷，可能的悲剧命运被忽略了。海布街头又出现了各种商人，熙熙攘攘的人流中却可能隐藏着不为人知的罪恶，人居然能成为被交易的商品。一个很难让人接受的事实是，那些卖春的人大多是非常年轻的姑娘。作为一个公众人物，我想用我的影响力提醒大家：孩子们应当受到足够的保护，无忧无虑地成长，不应该过早地暴露在社会的丑恶面前，畸形成长。

我是个幸福的孩子，我知道这听起来让人难以置信，但我在斯卡尔纳的童年无忧无虑，没有任何麻烦。社会的动荡丝毫没有影响到我，这要归功于我的长辈们，尤其是我的外公外婆。

在我的成长过程中，我的家庭从未让我感觉缺少什么东西，也从未给我设置什么禁忌。我那时觉得，身边的一切都是那么自然，我也没有对边界另一边的土地有多么好奇，因为我的生活已经足够快乐。

我什么都不缺吗？确实！我是斯卡尔纳的小帕维尔皇帝。从起床我就开始嬉戏，一刻不停，有时我是长辈们的噩梦。

我的父亲瓦茨拉夫是一名矿工，我的母亲安娜是供销社的一名售货员，平时多半是外公外婆照顾我。我可以玩我想玩的一切游戏，不过从很小开始，我的脑子里就只有一个想法——踢足球。

我认为兴趣是一切的基础，甚至比天赋还要重要。天赋是与生俱来的，但如果没有兴趣和努力的话，终究无法成功。

我始终享受着足球带来的乐趣，无论走到哪里我都带着足球。

我的父亲也曾是一名职业球员，效力过海布足球队。成为球员并不是我父亲的选择，至少他没有在他喜欢的球队踢过球。

海布足球队挑选了区内最强的孩子，在我面临选择时，我的父亲都无条件支持我，从来没有像其他许多父母那样强迫过孩子。在那个年纪，足球是健康的、美丽的，即使是比赛，也仅仅是孩子们之间的游戏。每个男孩儿都有一段关于足球的回忆，一片熟悉的球场，一场特别的比赛。

这些记忆的片段，就像一张张已经泛黄的照片，我这些照片有统一的背景色——灰色，那是我和小伙伴托马斯踢球的那块空地的颜色。我和托马斯当时简直像连体人一样一刻也不分开，我们幸运地将友谊维持到了现在。

成为职业球员后，我在全欧洲甚至全世界旅行，但我和托马斯从没有失去过联系，对于在整个童年时期一起射门、追逐的两个伙伴来说，一辈子都不可能分开了。除了踢球以外，我们也一起干了很多其他的事，其中有一些事不值得现在的孩子效仿。我们经常一起去别人家的果园外转悠，摘一些够得到的果子，也许那并不算是偷，因为我们马上就吃掉了，从不带走。果农们当然不会高兴，但他们知道两个孩子吃不了他们几个果子，于是也就睁一只眼闭一只眼了。

今天，在海布已经建起一座美观的、现代的体育中心，但我还是认为，对于热爱足球的孩子来说，场地根本不是问题。我和托马斯用石头垒起一个个桩，我们想象着好像是在草皮上过人。

小时候我喜欢很多运动，还玩过公认的捷克"国民运动"——冰球，但无论如何足球在我心中始终占据着最重要的位置，因此在接受专业训练以前我就已经打下了良好的基础。我和托马斯穿过的第一件球衣，是家乡业余俱乐部斯卡尔纳塔特兰的绿黑衫，那时我们大概六七岁。其实球衣不是新的，甚至连尺码都不合适，因为每场比赛前，教练都会把大一些的孩子甚至是成年球员没用的旧球衣拿给我们。尽管如此，对一个孩子来说，穿上统一的比赛服，还得到一个号码，那种成就感是无法言喻的。今天的父母们，争相为孩子购买球星代言的球鞋，尽管孩子们的脚长得很快……我想，虚荣的绝不是孩子，是父母们促使孩子模仿球星的穿着打扮。孩子就应该享受孩子的快乐，无忧无虑地玩耍，肆意挥洒汗水，父母们千万不要给他们戴上什么枷锁，或者把他们视作自己人生全部的期望。我的许多玩伴，被父母当作小战士来培养，我的父母没有那样对我。纪律是重要的，但却可能扼杀孩子无邪的天性。

总有人问我，谁是世界上最强的球员？所有人都期待我说出像马拉多纳或者贝利这些巨星的名字。我从没有说出过真实的想法，因为太与众不同。我相信小时候踢过球的人都会理解我。在10岁的时候，谁是你的足球偶像？不是电视上看到的，那太不真实了，因为你没法仔细观察他的每个动作，相反，那些比你踢得好的大孩子，能够教你很多绝招儿。我儿时的偶像叫彼得，他比我大两三岁，也在斯卡尔纳塔特兰队踢球。他的技术好极了，能够做出大人们都做不了的动作，战术理解力也超过了孩子的水平。我总是模仿他，分组比赛时我总是祈祷和他一队。拥有我们两人的球队从来不会输，我们的撞墙配合能够穿透一切防线，是他帮助我适应了高强度的比赛节奏。

彼得最后没有成为职业球员，仅仅在地区联赛踢过。一个弱点限制了他——贪吃，他的体质也容易发胖。和几乎所有捷克年轻人一样，成年后他又爱上了啤酒，这让他彻底告别了足球梦。如今我们还偶尔聚聚，他是一名普通的机械工，业余时间喜欢踢上两脚。我为国家队效力时，总要想方设法为他弄两张球票，我很高兴让他看到我变得如此强大。

足球和大自然，这是我在斯卡尔纳全部的童年记忆，是我人生中最宝贵的财富。无论你再让我选择多少次，我还是愿意在那里长大。儿时我对家乡以外世界的认知，全部来自我的外公瓦茨拉夫（与我父亲同名）以及外婆玛丽亚，是他们带我走进宗教的世界。

外公外婆都来自罗马尼亚，他们很年轻的时候就移民到了捷克斯洛伐克，一直靠种地为生。我的外公现在已经86岁了，还坚持下地干活。外公年轻时身体更好，我11岁那年要乘火车去外地比赛，但早上起床晚了，外公二话不说背上我的包，一手抱起我，一口气跑了20分钟，赶上了车，那时候他已经快60岁了，我想我一定继承了他的优良基因。

外公家在斯卡尔纳城外的森林边上，我最喜欢吃外婆在家烤的面包。他们总是对我说，任何事情都有一个答案，对那些无法回答的问题，你只需要微笑和点头。我想把今天的一切成就献给这两位老人，是他们帮助我成长，让我成为一个恬静又稳重的人。

也许有人被我在球场上的表情骗了，以为我是个木讷的人，其实在球场外我是个随和的人，还喜欢像小时候那样开玩笑。在家人和朋友（尤其是妻子伊瓦娜和儿时伙伴托马斯）面前，我才是最真实的。

在公众的视野里我很少笑，不是因为我拒人于千里之外，而是因为我厌倦了聚光灯，厌倦了狗仔队扒开我的每一根头发用放大镜看。假期里，我喜欢到足球不那么流行的国家去旅行（比如美国），走在大街上不用担心被人认出来，我能够很放松地开怀大笑，还能够肆意地搞恶作剧，就像小时候和托马斯一起玩耍时一样。

1986年，一切都在变，以非常快的速度在变。那一年我14岁，迎来了人生第一个转折，成为职业球员不再是个遥远的梦。我收拾行囊，开始准备一次远行，一段很长很长的离家之旅：一支很重要的球队向我发出了邀请，他们签下了我。

第2章 成长

在我的人生信条中，家庭是排在第一位的，在我很小的时候就是如此了。因为这个信条，我努力营造出一种温馨和平静的家庭氛围。

我和妻子伊瓦娜就像一个人，我们还在少年时期就确定了男女朋友关系，我们的爱随着时间的推移而累积。我们曾经共患难，现在又一起享受生活，无论在哪种情况下，我们都是彼此最大的依靠。从一开始我们就建立起了相互的信任，这份信任至今丝毫没有减弱，我们只需要一个眼神就能够理解对方的意思。我们的性格是不一样的，但永远为对方考虑，更为我们的孩子考虑。每次面临转会、搬家、旅行以及涉及未来的选择时，我都不会独断专行，因为我是丈夫、父亲，是我们这个家庭的一部分。

我和伊瓦娜算是青梅竹马。我们相识的时候，我还是个四处撒野的疯孩子，而她则是城里人见人爱的乖乖女。小伙伴托马斯把她介绍给我时，我不屑一顾，因为我太忙了：我要偷果子，左脚射门，右脚射门，练习用头颠球，还要去看我爸爸踢球（那时我爸爸很喜欢让我帮他扛包，他用来装装备的那个包几乎和我的个头儿一样高）。对于我来说，这些才是能够让我产生浓厚兴趣的事情，至于女孩儿，想想都让人难为情，我见到她们打招呼的方式是做个鬼脸。

可即便是再坚定的男孩儿，迟早有一天也会发现，他的内心深处还是喜欢女孩儿的。让我情窦初开的就是伊瓦娜，于是我开始想尽一切办法吸引她的注意。她的家在海布，只是经常到我家附近来找爷爷奶奶。让我喜出望外的是，她并不讨厌我，有时甚至会主动和我说话。

今天看来，海布是一座精致、闲适的小城。成为职业球员以来，我在罗马和都灵这两座大城市长期生活过，旅行过的大都会更是不计其数。在少年时代，海布是我脑海中最大的城市，那里有马路，有红绿灯，有商场。伊瓦娜是个不折不扣的城里女孩儿，尽管比我小几岁，却成熟不少。

犹豫了许久之后，终于有一天，我（在托马斯的帮助下）鼓起勇气，邀请伊瓦娜共度一个下午。那是初吻的年纪，在我家不远的地方有座废弃的钟楼，附近的小情侣都选择在那里约会，躲开父母的视线。那时的孩子绝不会有什么出格的行为，但独处的感觉已经足够刺激。

那时候我已经发现，伊瓦娜是个孤傲的女孩儿，要追她绝不容易，我只能尽力而为。尽管费了一些口舌，最后她还是决定接受我的约会，我喜不自禁。当一个女孩子愿意和你分享一整个下午的时光，剩下的一切都是容易又自然的，我对自己充满信心。

我没有做过科学测试，但在我的基因图谱中，一定有"捣蛋基因"：就在与伊瓦娜约会的同一天，我与托马斯上午约了另外两个女孩儿在钟楼玩。由于从来没有类似的经验，我们竟然忘记了在约会之后"打扫战场"。你们不要问我为什么，人总是自以为聪明，却不知道自己迟早要为小聪明付出代价。

伊瓦娜来到钟楼，我脸红心跳，前几分钟谁也没有说话，就在这时，她在地上发现了之前一个女孩儿留下的身份证。这简直比小说还离奇，但却是事实。我开始拼凑各种理由，甚至不惜对天发誓，但伊瓦娜无论如何都不相信。直到今天她都是个倔强的女生。她觉得这是对她的不尊重，接着怒气冲冲地走了。

那本身就是多愁善感的年纪，这个打击让我意志消沉。好在命运很快给了我弥补过失的机会，我要向伊瓦娜证明：她是独一无二的，是我生命的伴侣。

1986年，一切都在变，以非常快的速度在变。那一年我14岁，迎来了人生第一个转折，成为职业球员不再是个遥远的梦。我收拾行囊，开始准备一次远行，一段很长很长的离家之旅：一支很重要的球队向我发出了邀请，他们签下了我。

那支球队叫比尔森TJ斯柯达（TJ škoda Plzen，现在改名叫比尔森胜利，Football Club Viktoria Plzen），当时该球队在参加捷克斯洛伐克乙级联赛。他们邀请我加入青年队，这对我来说是无条件的信任。

比尔森是世界闻名的啤酒之都（现在全世界流传最广的比尔森式酿造法就由此得名），它坐落于我的家乡斯卡尔纳与捷克首都布拉格之间，我人生中前24年的全部轨迹都在这3个城市中。离开斯卡尔纳一点儿也不让我忧伤，离开父母生活对于我来说也不是问题，从小我就是个独立的孩子，我喜欢自己发现问题，解决麻烦。再说我只需要坐两个半小时火车就可以回家，我每周末都可以回家。

普通人只看到球员风光无限、光鲜亮丽的一面，却不知道我们这群人，哪一个不是小小年纪就背井离乡，在其他孩子摔倒了还要跑到父母面前要糖吃的时候，同龄的我们已经要硬着头皮挨教练劈头盖脸的一通怒骂了。十一二岁的时候，我们就要搬到球队的集体宿舍，和小队友们一起吃喝拉撒。运气好的孩子，球场内外都能够得到教练和家人的正确引导，先长成一个棒小伙儿，再变成真正的男人。运气不好的孩子，没人引路，就可能会迷失自我，成为一个永远长不大的孩子。

我是个幸运的孩子，因为我的父亲自始至终都在引导我。他为我加入职业俱乐部感到高兴，但同时也告诉我，足球只是未来的一种可能，许多可能中的一种。如果我的运气不够好，可能成为不了球员：只要有一次严重的伤病，我的足球梦就可能破灭。我的父亲在我很小的时候就向我解释了这一点，因此面对人生的未知我并不恐惧。我父亲还让我相信，只要我努力奋斗，结果就不会太差。

每个小球员都应该了解职业足球的高风险，不幸的是，竟然有一些家庭将全部希望都寄托在十来岁孩子的足球天赋上，像赌徒那样疯狂。当孩子发展不如意时，亲人们责骂他、抛弃他，就像对待一个叛徒那样。这真是不可理喻的行为！孩子稚嫩的肩膀如何担得起如此重压！

我从小就对自己很有信心，但我也知道光有天赋不努力我什么也做不成，只有离开家乡才能得到更专业的训练。与斯卡尔纳比起来，比尔森才是一座真正的城市，这里有悠久的历史以及15万居民。这里有波希米亚地区最著名的大学（西波希米亚大学），但我猜外国人知道它更多的是因为欧克（Urquell，比尔森啤酒品牌）和斯柯达都发源于这里。

无论如何，从一座2000多人的小镇搬到这样一个地方都是件麻烦事。命运女神再次垂青我，让我遇到一群愿意向我提供帮助的人们。

第一个就是我的教练约瑟夫·扎劳德克，如果没有他，我就不会成为伟大的职业球员，甚至不会成为真正的男人。教练已经去世几年了，我非常想念他。他教会了我很多，他让我体会到什么是足球，如何运用天赋，如何正确地面对困难。

有人天生就是导师，是黑暗中的灯塔，仿佛上帝特意安排他来人间答疑解惑。

约瑟夫像对待成年人一样对待我，但他又知道我是个孩子，需要像所有同龄人一样得到适当的鼓励。他和我说话时永远坦诚而又清楚，教育我时永远平和，既不用胡萝卜也不用大棒。他永远愿意听取我们的意见，给我们提供他的建议，从他身上我学到最多的是谦和与热心。对我和小伙伴们来说，他就像父亲一样。他的家就在我们宿舍旁边，训练结束后也没有人能逃得出他的眼睛。

那些年，足球带给我们的是纯粹的快乐。足球界对于东欧球员有一个固定的印象——战术观念强。这不是事实。约瑟夫没有填鸭式地给我们拼命灌输战术，他就像对待士兵那样，我们更多的是在技术和体能方面下功夫，和我同一批的捷克球员（帕特里克·博格、弗拉基米尔·斯米切尔、卡雷尔·波博斯基）是最好的例子，他们都是脚法细腻又善于奔跑的球员。

加入比尔森TJ斯柯达青年队一年半以后，我搬出了集体宿舍，租了一间房子自己住。说是自己住，其实是我的母亲"远程"照顾我：每个周末回家，我的行李箱里都塞满了她为我准备的食物，还有一整个礼拜的换洗衣物。

我始终无法摆脱伊瓦娜的吸引力。经过不懈的努力，我终于再次取得了她的信任，这也要归功于我离家之后的成长，学会体贴和照顾人了。

又经过一段时间的攻势，我终于彻底征服了伊瓦娜。命运女神同时为我打开了两扇大门：一个是将陪伴我一生的女人；另一个是职业球员生涯。

最后我决定冒险，选择那条布满荆棘的道路，因为我始终认为，让自己成长的最好方式就是和比自己强的人一起训练，学习他们身上的优点。

第3章　命运百转千回（从布拉格到塔博尔）

　　布拉格杜克拉曾经是捷克斯洛伐克最重要的足球队之一，最初由一群热爱足球的军人所组建，球队的名字几经更替，最后确定为杜克拉，以纪念第二次世界大战时被纳粹摧毁的一座斯洛伐克村庄。20世纪六七十年代是杜克拉俱乐部的黄金时期，球队赢得了11座联赛冠军及3座杯赛冠军，1967年他们还杀进了欧洲冠军杯半决赛。那一批球员是当之无愧的黄金一代，其中最有名的当属约瑟夫·马索普斯特，他还曾率领捷克国家队夺得1962年世界杯亚军，并拿到当年的欧洲金球奖。

　　18岁那年来到杜克拉时，我满怀着希望，认为很快就能够踢上甲级联赛，在那之前我的职业生涯一帆风顺。那一年夏天我给自己开了小灶，身上的肌肉块更加突出，我甚至提早来到布拉格，让自己适应首都的生活。

可是老天往往会在你最顺利的时候来折腾那么一下。新赛季开始之前，俱乐部将我租借给了捷克斯洛伐克丙级联赛的塔博尔队。塔博尔是布拉格南部的一座小城，距离首都大约100公里。

我简直不知所措，球队没有征求我的意见就完成了这次转会动作。现在回想起来那再自然不过了，塔博尔完全是杜克拉的卫星俱乐部，球队凡是有需要积累经验的小将或发挥余热的老将就往那里输送。

其实那也不是真正的租借，因为我平常还是在杜克拉训练，只是周末去塔博尔踢比赛。那也许是我这辈子最疯狂的一段时间了，每次为了踢一场90分钟的比赛，得花好几个小时在路上。好在那时我很年轻，浑身有使不完的劲儿，我甚至从没觉得自己在做出牺牲。这也许就是执着的力量，我眼里只看见了目标。

奔波的生活大概持续了三四个月，杜克拉的主教练耶利内克决定把我召回来。耶利内克很善于调教年轻球员，在他的帮助下，我保留了年轻人的拼劲儿，也并没有为缺少经验付出代价。那个赛季，我总共在捷克斯洛伐克甲级联赛出场19次，还有3个进球。这是我职业生涯真正的开始……

那之前我一直没有经纪人，我的父亲瓦茨拉夫为我处理一切关于转会、合同的问题。在杜克拉，我遇到了兹德涅克·内霍达，他是捷克斯洛伐克获得1976年欧洲杯的功臣，退役之后成了一名经纪人。在我成为内霍达的签约球员后，他在赛季末为我谈好了从杜克拉前往布拉格斯巴达的转会。

布拉格斯巴达！那时我刚刚年满19岁，在两个多赛季的时间里，我完成了从地区联赛到捷克斯洛伐克第一豪门的跳跃，我自己当时没有意识到这是多么了不起的成就。

当我真正做决定时可不像今天听起来这么的轻松，我父亲当时提醒说，我还太年轻了，还需要更多的经验，不如晚一年再去，但他同时又把选择权留给我自己。

最后我决定冒险，选择那条布满荆棘的道路，因为我始终认为，让自己成长的最好方式就是和比自己强的人一起训练，学习他们身上的优点。

于是，我签下了人生中的第一份职业合同。当时我每月的工资大约是9000捷克克朗，相当于现在的400欧元。我当然不像现在的职业球员那么有钱，但是那份收入足以保障我在布拉格过上体面的生活。我在布拉格市郊的第9区租了一套小小的公寓，精致而又安静。

有许多来自小城市的球员，一旦来到大城市就会迷失自我，在一种全新的生活方式以及无数的诱惑面前，人的自制力显得那么不堪一击。

布拉格是一座童话之城，有一种全世界独一无二的气氛，这里有着数不清的娱乐方式，还有着形形色色的美女。直到在布拉格住久了，我才发现自己骨子里就是个乡下来的外省青年，比起大城市的绮丽与喧嚣，我更喜欢大自然的静谧，慢节奏的生活。我始终坚持着自己的生活习惯，坦白地说我甚至不太喜欢布拉格……

随着我年龄的增长和阅历的积累，到今天，我对布拉格的情感发生了改变，我了解它，也喜欢上它了，有时我甚至想念它，只要有机会，我就回去看看。当你处在人生的不同阶段，对事或者对人的看法都是不一样的。在那个阶段，我对足球的饥渴大于一切。

女友伊瓦娜来看我的次数越来越频繁，我的公寓成了我们的二人世界，我们在那里分享彼此的秘密。那时候我也逐渐意识到，球员是个与众不同的群体：当其他人忙得不可开交时，我们很清闲；而当大多数人都放假了，我们却要埋头工作。球员的工作，就是给老百姓提供茶余饭后的消遣。

和我一起加入布拉格斯巴达俱乐部的，既有从其他俱乐部买来的新星，也有从本队青训营提拔的佼佼者。那是一个很有趣的团体，大家在还没有摸清楚豪门环境的情况下共同进退，每周放假都要一起出去喝一杯，放松一下精神。当然，我们绝不会有什么出格的行为，因为我们的工资条件也不允许。

布拉格斯巴达也把我租借去了丙级联赛的一个卫星俱乐部，但这次的时间短得多。我和队友托马斯·沃塔瓦一起被选入参赛大名单。

布拉格斯巴达是每一位捷克球员都希望加盟的梦幻球队，当我加盟时，队里有像吉里·涅梅茨、约瑟夫·霍瓦内茨、米卡尔·比莱克以及其他许多冠军球员，光是看他们踢球于我已经是莫大的享受，近距离模仿他们更是令我受益匪浅。

我进入球队的第一个赛季（1992—1993赛季），我们就重夺了捷克斯洛伐克联赛冠军，虽然我不是主力球员，但也做出了自己的贡献。我的处子战是对阵一支斯洛伐克球队，1：0的胜利给我留下了美好的回忆。

在那个赛季快结束的时候，伊瓦娜搬来与我同居了。我是费了很大力气才说服她的，老实说我又"骗"了她一次，但这次的谎言完全是出于我对她的爱恋，我不能没有她。

那时候，她已经是一名护士了，在海布的一家医院上班。由于工作的原因，她来看我的次数越来越少了。我想，如果再这样两地分居，我们的感情一定会遭遇危机。所以我编出了一个谎言，我从不善于欺骗，但这次我尽自己最大可能让她相信。我告诉她，我在布拉格能够给她找一份轻松的工作，她搬来我的公寓一起住就行了。她相信了，又或许是她故意中了我的圈套，总之她搬来布拉格了。

一开始对于她来说太煎熬了，她年纪轻轻却每天待在家里无所事事，独守空房。我已经尽量在训练结束后早点儿赶回家，但每次一进门还是发现她的心情十分低落。另外，我不可能在训练中偷懒，事实上我一直是队里最勤快的：在别人的训练都结束以后，我还要给自己加量，别人跑一圈我就要跑两圈。我的这个习惯甚至引起过麻烦，杜克拉队的太太们都以为她们的先生和我一样每天在训练场待到太阳落山以后才回家，有的时候她们到俱乐部来却找不到人。其实，我的队友们那时已经结伴溜去酒吧或者迪斯科玩了。

考虑到球员的高收入及光鲜亮丽的生活，许多女孩子梦想嫁给足球运动员。伊瓦娜对球员太太的身份认同感却不强，一方面她为我的事业牺牲了很多；另一方面她从不避讳当着我的面说，如果上帝再给她一次选择的机会，她宁愿要一个平凡的丈夫，过一种安逸、缓慢的生活。我理解她。

当我们还是两个孩子的时候就走到一起了，我那时候没有钱，也没有名气。我们携手走过生命中最困难的时段，因此我知道她有那样的想法是正常的，她在我面前没有必要掩饰。我们都为彼此做出了牺牲，相比起来，伊瓦娜为我、为孩子、为我们的家做出的牺牲要比我大得多。她承担了所有家务活，从孩子出生之后就照顾他们的一切，我亏欠他们太多。在布拉格时，伊瓦娜成为一个真正的女人比我成为一个真正的男人要早。

听完我的这段描述，你们也许以为布拉格时光对我们来说苦不堪言。错了！我们在布拉格从不缺少快乐！

诸位有没有和爱人在狭小的空间里吵过架？我们在布拉格租住的那间公寓只有36平方米，每次我和伊瓦娜吵架，我们都要忍住不说"滚到沙发去睡"之类的话，因为我们家的沙发和床紧挨着。我们每次争吵最多持续几分钟，因为总有一个人厚着脸皮哄另一个人开心，很快就和好如初。

我记忆中伊瓦娜最生气的一次是在某年的12月24日，虽然公寓很小，但伊瓦娜决定准备一顿丰盛的晚餐，女孩子对于节日总是特别用心。即使是平安夜我也没办法说服自己偷懒，于是那天下午我到训练场跑了一圈才回来。由于俱乐部的洗衣房关门了，我不得不把衣服拿回家。结果那一年的圣诞晚餐，我们是坐在湿漉漉的衣服之间吃这顿饭的。

我是个神经大条的人，伊瓦娜则是个较真儿的人，在真正了解对方之后，我们的性格形成了互补。她知道我很少说话，有时候会沉浸在自己的世界里；我知道她很外向，她说个不停，永远不隐藏自己的内心。她知道我每次喝点儿酒以后（我很少喝酒，当然更不会喝醉），就会变得焦躁或者冒出一些奇怪的念头，因此她要么催我赶快结账走人，要么就四处宣扬我的洋相……有一顿晚饭我喝酒上了点儿头，莫名其妙就要开车兜一会儿风，谁的劝告也听不进去。那时伊瓦娜还没有拿到驾照，她也只有由着我来。谁知，我刚一坐上驾驶座，连钥匙都还没能插进去就睡着了。直到今天伊瓦娜还在拿这件事取笑我……

这还不算什么，有时候她会狠狠地惩罚我。有一天晚上，她趁我喝醉了，把我的睡衣脱光，然后把家里的窗户全部打开。布拉格的冬天可不像加勒比海，那一晚把我冻得够呛。那一次之后，每次喝酒我都要三思而后行，至少不能让她知道。

小时候我就梦想着有朝一日能够为国效力，这没什么好奇怪的，全世界踢球的孩子都梦想得到那件胸口有国旗的球衣。

第 4 章　英格兰万岁（重要的一年）

　　如果我说足球是奇怪的，那是因为我真的是这么想的。如果我说足球美妙极了，那是因为足球场上总是发生最疯狂的事情。

　　你们都还记得扬·科勒吗？他比我小1岁，我退役之后他还在法国的戛纳队踢球，状态保持得很好。他是一名出色的前锋，虽然身高超过2米，天生神力，但是技术一点儿也不粗糙。他是个老实得近乎木讷的小伙子，他的一些故事听起来就像是20世纪八九十年代的人才会干出来的，和我在尤文图斯的前辈托里切利①很像。

　　扬·科勒从很小就开始踢球了，因为他的父亲是一名足球教

①　托里切利，加盟尤文图斯之前效力于地区联赛的一支球队，平时做木匠兼职踢球，一开始拒绝了尤文图斯的邀请。原著于2010年出版，此为当时的情况。——译者注

练。和我一样，他在一支乡下的业余球队开始了职业生涯。那时候他效力的球队叫斯美塔诺瓦洛塔，和所有少年队一样，最高的那个孩子永远被大伙儿发配到球门之前。扬·科勒18岁那年，当所有有天赋的孩子被职业俱乐部挑走时，他却执着地要改行打前锋。那时他满足于踢踢业余比赛，从未梦想过职业足球。

他又是一个上进青年，自然得找份体面的工作。不久，他如愿进了一家银行上班，他的生活走上了正轨，未来的日子可以预见得到，足球对于他来说只是一项业余爱好。但有一点注定了扬·科勒不会成为一名银行经理——他的足球天赋。

某一个时期，所有人都开始谈论一个在青年联赛进球如麻的前锋，这个前锋是个"巨人"，他的所有进球都是用头顶进的。布拉格斯巴达对这个年轻人产生了浓厚的兴趣。

当这样一支豪门的一线队向你发出邀请时，平常人是很难拒绝的……但，扬·科勒并不是平常人，他的回答竟然是"不"！更加让人难以置信的是他给出的理由，让他听起来像是全世界最酷的家伙。他没有时间……

他的回应十分简短，大意是他得上班，没时间和球队一起训练，而且他说正经工作是比足球更加严肃的事情。

扬·科勒的球踢得棒极了，但是对于他来说足球始终只是个娱乐方式，是他锻炼身体和放松的工具。即使是踢上职业足球，进入世界级豪门，拿到冠军以后，他还是觉得足球是个游戏，是全世界最好玩儿的游戏。当他最终决定接受布拉格斯巴达的邀请时，我已经在球队打上主力，我们在那里当了两年队友，他带给我许多快乐。我尤其享受送出准确的传中球帮助他头球破门，因为他每次进球之后都快乐得像个孩子。

在1994年前后，捷克足球的春天来了，一批优秀球员涌现出来，所有人都在讨论他们。这批球员天赋卓绝，秉承一样的足球哲学，那就是享受足球，全力拼搏，给自己更给球迷们带去快乐。

我也在那一年入选了捷克国家队，处子秀是1994年6月5日与爱尔兰国家队的友谊赛。比赛在都柏林的兰斯多恩路球场举行，那是一座历史悠久的体育场，它有一些老旧（我当时觉得是全世界最古老的球场），但处处流露着历史和传奇。最令人难忘的，是从看台下穿过的铁路。现在这个球场已经被拆毁了，在原址上重建了一座现代化的新球场。

小时候我就梦想着有朝一日能够为国效力，这没什么好奇怪的，全世界踢球的孩子都梦想得到那件胸口有国旗的球衣。

无数个下午，我与托马斯玩一对一，猜拳赢了的那一个总是会一本正经地宣布：我代表捷克斯洛伐克国家队……但真到了接到国家队征召令的那一刻，我的激动无法用语言来形容，要知道我之前几乎没有在任何级别国家青年队踢过，而却直接跨进了国家队的门槛。另外，我知道捷克国家队当时正要更新换代，我能够感受到各方面对于我的期待，如果我足够努力，完全可以书写属于我自己的历史。

我满心欢喜地坐在捷克国家队的替补席上，比赛临近结束时我们3∶1领先，为捷克队进球的是苏霍帕雷克和库卡（梅开二度）。常规时间最后时刻，捷克队主教练乌赫林决定用我换下涅梅茨，我的偶像。

那个时刻我想象过成千上万次，但真实的情况却是我始料未及的。坦白地说，当时我的思维仿佛停滞了，只觉得周围的一切像电影镜头快进一样。

虽然我只踢了3分钟比赛，但足以给所有人留下印象：我的一次丢球送给了爱尔兰人一次好机会，但他们却不走运地射中了门柱。我的紧张让全队陷入被动，虽然只是一场友谊赛，但是主教练乌赫林却像个疯子一样吼叫起来。我愈发不知所措，以至于那场比赛成为我职业生涯中最诡异的时刻之一。

通常情况下，我很善于控制自己的情绪，冷静是我在球场上最著名的标签。只有少数几次我丧失了理智，每一次我都付出了代价。率性而为有时候能够拯救你于绝望之中，有时候却会让你乐极生悲，比如说2003年的欧冠半决赛。

当比赛白热化时，球员的举动既取决于场上的形势，又取决于自己的性格。有的球员如果肾上腺素不高就不会踢球，还有一些球员能够在别人都喘不过气来的时候踢出具有高度艺术性的足球。这两种情况都不符合我的实际情况。

即使所有人都丧失理智，我也还是最清醒的那一个，我绝不会受到他人的干扰，无论是球迷的嘘声还是对手的挑衅。我保持冷静的原因是，只有在那种情况下我的头脑才能够高速运转，分析比赛，做出我自己的预判。但当我第一次披上捷克国家队球衣时，我还是个毛头小子，如果那种情况下我还不激动，那我一定是被放在了一堆冰里。

那一次失误后，我打起了全部精神，球队最终没有再丢球。回到更衣室里，无论是乌赫林教练还是我的队友们都给了我最大的宽容。

一个伟大的团队正在形成。从那时候开始直到2006年，我总共为捷克国家队出场了91次，和我的好朋友扬·科勒一样。排在我们前面的只有波博斯基（118次）。我为扬·科勒感到遗憾，虽然他的体能和速度都有下降，但他依然保留着门前嗅觉，在捷克队没有优秀中锋的情况下，他在职业生涯后期却得不到捷克国家队的征召。无论如何，我们3个人之间的排位不会再变了，卡雷尔（波博斯基）第一，我和"巨人"并列第二。①

1996年欧洲杯在英格兰举行，预选赛阶段的比赛，捷克队的表现让人刮目相看。我们以21分力压荷兰队获得小组第一，全部10场比赛我们只输了一场（客场负于卢森堡队），最后一轮是主场比赛，球迷们赛前就准备好了庆祝的道具，就好像他们知道我们能够取胜一样。②

那支捷克队的人员搭配是完美的，既有像涅梅茨、卡德莱茨和库卡这样经验丰富的名将，又有博格、斯米切尔、波博斯基这样处于上升期的新人。我们不确定比赛的结果，但我们确定会享受比赛。当你没有什么好输的时候，也是你最容易大获成功的时候。

---

① 由于原著出版时间较早，此为当时的情况。捷克国家队的出场排名发生了变化。截至2015年年初，切尔西门将切赫代表国家队出场数达到了109次，超过了内德维德和扬·科勒，名列捷克国家队排行榜次席。

② 捷克队最后一轮主场3∶0战胜卢森堡，反超挪威队，以小组第一出线。

当英格兰欧洲杯决赛阶段的分组抽签揭晓之后，我们彻底被当成了配角，没有人会在我们身上下赌注。

即便是在布拉格，人们对捷克国家队的期望值也降到了冰点，因为我们被分入了死亡之组：小组对手是意大利队、德国队和俄罗斯队。人们或许忘记了，我们在预选赛中曾经以压倒性的优势战胜强大的荷兰队，我们不费吹灰之力就出线了，难道我们没有被低估吗？

本届大赛之前的集训安排得相当紧凑，可置身训练营之中的每一个人，都感觉到自己像在一个大家庭之中而不是一支球队，所有队友之间都结下了深厚的友谊。球队还特许球员们的家属全程陪同，伊瓦娜不但全程见证了我们的集训，还和我们一起飞到了英格兰。

比赛开打之前我们就已经被媒体判了"死刑"，小组赛首轮我们的表现更加强了这种猜想。第一场比赛我们以0：2输给了德国队，德国人表现出的能力比我们高出一个档次，他们看起来简直是无敌的。终场哨吹响之后，队友们你看看我，我看看你，我们知道是时候做出决定了：我们究竟是来旅游的，还是来实现我们的目标的。

那场败仗既让我们陷入了淘汰出局的危险之中，又给我们提供了机遇。队里的老臣子们这时候成了定海神针，涅梅茨可受不了这样被人侮辱，他告诉我们"让旅游者见鬼去吧"。对于我们年轻人而言，预选赛的胜利有点儿让大家飘飘然了，大伙儿在比赛开始前甚至有点儿轻敌。那场失败是打击了我们，却也让我们清醒过来。要么洗心革面重新爬起来，要么很快就得打道回府了。

球队内部的团结丝毫没有受到影响，没有人埋怨队友，因为我们大家都知道，只有众志成城才能够实现目标。我们知道，在接下来的比赛中，任何人都有可能成为救世主，因为大家拥有一样的天赋。话又说回来，即使身处绝境我们也没有什么压力，因为比赛地距离捷克如此遥远，压根儿就没什么球迷随队出征。

1996年6月14日，意大利第一次进入我的命运中。我们在利物浦迎战蓝衣军团，那是一个星期五的夜晚。

我们的出场阵容是库巴、苏赫博克、卡德莱茨、霍纳克、拉塔尔、贝布尔、涅梅茨、波博斯基、博格、库卡，当然，还有我！

意大利队的阵容中有许多巨星，比如马尔蒂尼、多纳多尼、阿尔贝蒂尼、基耶萨，板凳上还有佐拉和卡西拉吉。两年之前他们刚刚获得了1994年美国世界杯的亚军，并且决赛只是点球惜败于最终冠军巴西队，带队的是名帅萨基。我们看起来没有一点儿希望，外界都等着看我们被"屠杀"。

我从不相信大卫和歌利亚的故事[①]，因为我相信只有凭借真正的实力才可能战胜对手。谁更快，谁更强壮，谁更有谋略，谁就是最棒的。

纸上谈兵不算什么，只有到球场上一较高下才能知道孰强孰弱。无论从实力还是心气来说，那场比赛我们都强于意大利队。萨基甚至心虚地将第一场战胜俄罗斯队的阵容做出调整，忘了意大利

---

① 大卫借助上帝的神力战胜比自己强大的巨人歌利亚。

的老话"车没坏就不要修"。

我还记得入场仪式的一切细节，但开场前几分钟的情况却无论如何也想不起来了，就像是脑中被塞进了一团迷雾。第4分钟，我发现我们的右路出现了一个机会，而意大利球员的防守站位十分糟糕。看到我的队友快速转移球，我全力向禁区冲刺。当我队友的传中划着弧线从右路飞向禁区时，我已将意大利队的拖后中卫穆西甩在身后，其实意大利队整条防线都没有注意到我的插上，他们的注意力全部集中在有球的一侧。我轻松卸下足球，获得了一个单刀球，在门将佩鲁济封堵之前，我将球轻巧地挑起，球飞入大门右侧。1∶0，我们领先了。

接下来的比赛变成了一场残酷的肉搏战，意大利队第18分钟由基耶萨扳平比分。就在我们快要丧失斗志之时，意大利后卫阿波洛尼吃到第2张黄牌被罚下场。上半场结束前，贝布尔的进球再次为我们取得领先。人数和比分都领先的我们，在余下的50多分钟里顶住了意大利人的反击，拿到了捷克足球在世界大赛上的第一场胜利。

有了这场宝贵的胜利，我们便又有了梦想的资本。最后一轮与俄罗斯队的比赛还是在利物浦的安菲尔德举行，我们几乎已经把这里当成了自己的主场。

最后一轮比赛前，德国人是最轻松的，只要他们最后一轮对阵意大利队不以夸张的比分输掉就肯定能出线。我们与意大利队同积3分且胜负关系占优，最后一轮只要取得与意大利队一样的结果便能出线。我们众志成城地出征了，20分钟内我们已经取得了

2：0的领先优势，一切似乎大局已定。另外，场下的队友告诉我们，意大利人一直没能攻破德国队大门，于是我们彻底放松下来。

一场足球比赛受到很多因素的制约，体能储备、战术纪律、个人能力，这些都是可控因素，与此同时还有许多不可控的因素，比如球员的心态。只要一点点的心理波动，队员们就可能把阵型拖得太后，或者跟不上对手的节奏，于是一场胜利就可能化为乌有。

虽然踢了一届糟糕的欧洲杯，但俄罗斯队其实是一支实力很强的球队。他们的队员都有着很强的荣誉感，自然不想带着3场失败以及"鸭蛋"进球数打道回府。于是他们在中场休息时振作精神，带着高昂的斗志进入下半场。

下半场开始仅仅4分钟，莫斯托沃伊就为俄罗斯队扳回一城，1：2。5分钟后，特特拉哲再入一球，将比分扳成了2：2。我们都惊呆了，但是2：2的比分还是能够保证我们小组赛出线，因为意大利队目前也是平局，佐拉甚至在开场不久就罚丢了一个点球。接下来的一切像是个噩梦，我们差点儿为自己的保守付出惨重的代价。

全场第85分钟，一个我叫不出他名字的俄罗斯人（别斯查尼奇）决定好好给我们上一课，于是他用进球帮助俄罗斯队逆转了比分，以3：2领先。我们在那一瞬间感觉自己出局了，因为自己的骄傲和肤浅，我们丢掉了看起来不可能丢掉的领先优势。

但是比赛还没有结束，我们还有3分钟改变命运，而那3分钟无论给我们自己还是这个团队都上了伟大的一课：永不言败。我们打起了十二分精神，下半场才替补上阵的斯米切尔在终场前2分钟不可思议地为我们将比分扳成了3：3，意大利人回家了，而我们晋级1/4淘汰赛。

关于那一届杯赛还有一个小秘密：在每一场事关生死的比赛前，捷克队的队务、队医以及足协官员都在心理上做好了回布拉格的准备，行李箱、装备、航班、酒店，他们在小组赛最后一轮与俄罗斯队对战之前，做好了一切回国的准备，事实上却被我们留在了英格兰。后来几场比赛，他们竟然将回家的准备上升为某种仪式，希望以此给捷克国家队带来好运。

比赛期间我的信息十分闭塞，但我很清楚我的经纪人兹德涅克·内霍达和我的父亲瓦茨拉夫已经开始接到许多俱乐部的邀请函。我至少踢了两场让人拍案叫绝的比赛，我的身价也与队友博格、波博斯基和斯米切尔的一样，呈指数型上涨。我特别清楚，一名常年生活在意大利的捷克主教练，对我是求贤若渴。那名教练带着一支意大利南方弱旅创造了奇迹，那时他正执教着意大利最重要的豪门之一——拉齐奥。

那个捷克主教练名叫兹德涅克·泽曼，没有捷克球员会拒绝他的邀请。但在英格兰欧洲杯期间，我全身心都扑在了捷克国家队上面，只能对转会市场的传言充耳不闻。如果说我需要关心什么其他事情的话，那就是陪在我身边的伊瓦娜，那是我们最美好的时刻之一。就是在那届欧洲杯期间，我得知伊瓦娜怀上了我们的第一个孩子，是个女孩儿，我们决定给她取名小伊瓦娜。那真是一个奇妙的夏天，任何事情都是有希望的，我的女儿便是其中最大的希望。

儿女对于我们的重要性，我会在后面的章节中详细叙述，但在这里我想说，和儿女在一起的每时每刻都是上帝赐给我和伊瓦娜最好的礼物。你们也许会奇怪，为什么我们要给孩子取和我们自己一样的名字，因为那代表了我们对于这个家庭最深的爱。当我和伊瓦娜离开这个世界后，我们知道这个世界还有一对帕维尔和伊瓦娜深深地爱着我们，就像我们曾经深深爱着他们一样。

在那个夏天，我没办法去想象自己未来的生活，也不知道我的家庭会变成什么样子。

今天再翻看那个夏天自己的照片，我看到的是一个青涩的少年，他有一头短发，有些消瘦，还有难以言喻的激情。在那双眼睛里，我看到的是与现在不同却又相似的渴望。那时候我渴望着拥有一个完美的家庭，现在的每一天我都感到幸福，因为今天的家庭就是我所梦想的。孩子看着我们一天天变老，我在球场上的胜利和荣誉都已经成为往事，但家人之间的感情却是永恒的。对我来说，赢家的感觉只有在推开家门的那一刻才能够真真切切地感受到，而不是媒体和球迷们的恭维所能够带来的。

让我们回到1996年欧洲杯。小组赛出线后，在1/4决赛等待着我们的是葡萄牙队。工作人员们又开始了"收拾行李祈福"的仪式……

小组赛之前没有人看好我们，但是3场小组赛过后我们却成了欧洲杯上的"灰姑娘"，从死亡之组中出线。到了这时候还是没人相信我们，因为葡萄牙队小组赛轻松战胜了土耳其队和克罗地亚队，只是被卫冕冠军丹麦队逼平，以小组第一出线。那支葡萄牙队以1989年和1991年两届世青赛冠军作为班底，阵容中有路易斯·菲戈、鲁伊·科斯塔、费尔南多·库托、若昂·平托……虽然他们都很年轻，但是踢起球来却像老兵一样沉稳。在葡萄牙那群优秀球员中，路易斯·菲戈是当之无愧的核心。

我和路易斯之间的一段往事，成为我职业生涯的最大不幸，也是他职业生涯最大的伤痛。那是1996年英格兰欧洲杯10多年之后，一场意甲联赛中国际米兰对阵尤文图斯的"意大利德比"，我从身后阻止路易斯突入禁区，我的那次犯规造成他腓骨骨折。最让我难过的，是那些流言蜚语，说我的犯规是恶意的，我早就想把他弄伤。

我们这个级别的球星，是不屑于用那么卑劣的手段的。虽然我承认那是个严重的犯规，但我从没有想到后果会那么严重。路易斯是个冠军，他知道我的想法。比赛后第一时间我就道歉了，当事人之间的隔阂早已消除，但我今天提起这件事，是为了告诉大家，有一些从没走上球场、穿过球衣的人，却喜欢编造一些球员们的矛盾甚至仇恨。无论如何，在那一届欧洲杯1/4决赛时，路易斯·菲戈已经是一位领袖，已经是金球奖级别的球星。

葡萄牙队是一个难缠的对手，他们有一群可怕的突破手，还有一条狡猾、强硬的后防线，不放过任何一个球。他们的比赛节奏十分快，不过有的场次却进不了球，因为葡萄牙队不喜欢那些拿不住球的纯粹中锋，而喜欢能与队友配合的战术型前锋。如果我们能够比葡萄牙队先进球……

比赛于1996年6月23日在伯明翰举行，球场座无虚席，执法比赛的主裁判是德国人克鲁格。只有一个特殊情况：我自己因为小组赛拿到两张黄牌，不得不作壁上观。累积黄牌停赛似乎是命运对我的一种诅咒，我的职业生涯为此付出了惨重的代价……

那是一场胶着的比赛，那场比赛因为一粒欧洲杯历史上最精彩的进球（之一）而被载入史册。那也是我亲眼见过的最精彩的进球之一。

进球的是我的朋友卡雷尔·波博斯基，时间是下半场第8分钟，要不是他打破场上的平衡，比赛很可能拖入加时赛。那是一次天才的灵光闪现，是现代足球越来越少见的表演。卡雷尔在前场接到球，他带球蹚了一大步，希望依靠加速过掉对手。可葡萄牙队的防守阵型太密集了，足球接连撞到好几名后卫。幸运的是，足球折射回了卡雷尔脚下，他像闪电一样突入禁区。虽然后卫们全速赶来"关门"，但卡雷尔面前只有维克托·拜亚（当时世界上最好的几个门将之一）。就在那个时候，卡雷尔做出了一个所有足球学校都不会教的选择，一个要被青训教练们骂愚蠢的动作。他运用了自己的魔法而不是智慧，在拜亚抢上来封死角度的前一瞬间，他轻巧地搓足球的下部，足球划出一道美妙的抛物线，落进网窝。如果选择正常射门方式，拜亚一定能用身体挡住，而如果选择过人，葡萄牙后卫们已经赶回来"关门"。

当时我在看台上看球，我感觉时间仿佛凝固了。整个体育场的人都屏住了呼吸，目光随着足球在空中飞行。波博斯基用他右脚的外脚背画了一幅最美的画，拜亚像钉子一样被钉在原地，成为画的背景。世界就此认识了一个天才，我想说波博斯基在整个职业生涯中都被低估了。那届杯赛后，卡雷尔做出了一个错误的决定——加盟英超曼联队。一方面，他那时候太年轻了；另一方面，那一批曼联球员都是从小一起长大的，彼此习惯了一起踢球、一起赢球的感觉。那之后他又去葡萄牙本菲卡待了几个赛季，比在曼联要成功。我一直认为，卡雷尔是我们这一代捷克球员中最出色的几个球员之一：他速度快，技术又好，假动作很有隐蔽性，心理素质也过硬。一粒这样的进球绝不能被浪费，在余下的时间里，捷克队员们像保护生命一样保护球队的领先优势，我们成功了。

我们就这样挺进半决赛，后勤们又开始打包回家的行李了，这一次所有的记者都知道了这个秘密，开始拿他们开玩笑。我们的下一个对手，是齐内丁·齐达内的法国队……

在每一个人的生命之中，都希望将某一些时刻延长至永恒，早已有比我伟大的人，将那些时刻定义为欢喜状态。在欢喜状态时，你感觉自己仿佛悬空一寸行走，仿佛你的身体轻得可以翱翔蓝天，又仿佛一切都是有可能的。

第5章　平行的人生

　　我和齐内丁·齐达内无数次擦肩而过，我们的人生道路接近过很多次，但最后没有交集。命运女神让我们两个一再错过一起踢球的机会，却从不吝惜让我们在球场上交手。

　　在那届欧洲杯以前，齐祖（Zizou，齐达内的昵称）的名字已经和捷克国家队有过联系，那是1994年8月17日，法国国家队和捷克国家队在波尔多进行了一场友谊赛。那一次我并没有出场（因为当时我刚刚入选国家队，还在为主力位置拼搏），那支法国队拥有埃里克·坎通纳、利连·图拉姆、洛朗·布兰克、大卫·吉诺拉及比森特·利扎拉祖。第63分钟，法国队主教练艾梅·雅凯换下科伦丹·马丁斯，换上了一个名不见经传的小伙子，那名小将就在波尔多踢球，现场观众为他们自己的偶像欢呼。当时捷克队2：0领先。

结果刚上场的小伙子在16分钟内梅开二度，为法国队扳平了比分，比赛成了他的个人表演。那名小将，名叫齐内丁·齐达内。

因此，当我们在欧洲杯半决赛对阵法国队前，大家清楚地知道两件事。第一，如果我们保持冷静踢出自己的风格，就有机会战胜法国队。第二，齐达内不是一个随随便便的对手，他是最强的。

他永远都是一个令人难以描述的对手，我想他的身体素质已经保证他可以成为一名独一无二的球员：高大，良好的协调性，虽然速度不是最快的，但是力量骇人。齐达内踢的是一种攻势足球，许多球员习惯于追着球跑，而他是操控足球的那一个。我和他的特征完全不同，但进行那场比赛时我们都非常年轻，缺少经验，依靠冲劲儿和激情踢球。我得说，有些事只有经过时间的沉淀才能学到。

那一天我们在曼彻斯特遇到的，正是在随后4年里连夺1998年世界杯、2000年欧洲杯，打遍天下无敌手的法国队。那一批球员虽然都很年轻，但是已经展现出傲人的天赋，率领他们的是一位伟大的教练。他们的比赛风格与我们大相径庭，少一点儿硬度但极富观赏性。比赛前我们就设想，绝不能跟着法国人的节奏踢球，也要避免与他们身体接触，而要以逸待劳，让他们做无效的奔跑。

那是一场奇怪的比赛，捷克球员好像忽然都不会踢球了。我想可能是因为看到了决赛近在咫尺，队员们都背上了沉重的心理负担。尽管我们表现不好，但还是成功把比赛拖入点球大战。

虽然法国队1/4决赛中，正是凭借着点球大战淘汰了荷兰队，但我和队友们很好地调整了心态，前5轮全部命中，不过法国人也无一失手，比赛进入俄罗斯轮盘赌模式。我们的门将库巴成了救世主，他首先扑出了雷纳尔德·佩德罗的射门。最后卡德莱茨冷静地将球罚进，我们就这样打进了欧洲杯决赛。

我们简直不敢相信，捷克足球在国家独立后参加的第一届世界大赛就取得了这样的成功，这是团队里每一位成员的功劳。

在另一场半决赛中，东道主英格兰队没能像在第二次世界大战中一样抗击德国人，黯然离开。看着他们出局我十分难过，因为英格兰人组织了一届完美的盛会，那一句"足球回家"的宣传语更是流传至今。老实说，我很想和那支拥有保罗·因斯、阿兰·希勒、大卫·普拉特及托尼·亚当斯的球队交手。看起来他们拥有捧杯的一切条件，结果却事与愿违。德国人永远是世界大赛上的一支劲旅，无论他们实力是强是弱，战绩都很稳定，因为他们有最严谨的纪律、最强的求胜欲望，令其余球队都望尘莫及。还必须承认，德国队一直不缺少天赋！

我们的工作人员最后一次打包，这一次是真的，因为无论决赛是输是赢，大家都要回家了。决赛前我的心情出奇的平静，但同时我的脑海中又有两个自相矛盾的念想：一方面，我等不及要踢比赛，一雪小组赛失败的前耻，把冠军带回布拉格，让全国同胞都涌上街头，庆祝捷克足球的节日；另一方面，我又希望决赛永远不要来，这样我们这段美好的旅程就能够一直持续下去。

在每一个人的生命之中，都希望将某一些时刻延长至永恒，早已有比我伟大的人，将那些时刻定义为欢喜状态。在欢喜状态时，你感觉自己仿佛悬空一寸行走，仿佛你的身体轻得可以翱翔蓝天，又仿佛一切都是有可能的。

那一个英格兰之夏，既改变了我的人生，也改变了伊瓦娜的人生，我们因为一系列的事情变得成熟而幸福。我知道，长久以来关于球员在大赛或者集训期间带妻子或女友，一直有很大质疑。我还记得，有些荷兰队球员赛前一定需要女色助兴。对我来说，这件事从来没有成为一个问题，因为我觉得职业球员需要很好地了解自己的体能和身体状况，为比赛做好充分的准备。在英格兰，伊瓦娜怀上了我们的孩子，这已经说明了我的态度……

不开玩笑了，我认为生儿育女是重要的，它是自然而又无比美妙的事情，这个世界上没有任何一件事可以与之相提并论。我很年轻就当了爸爸，还有许多顶尖的运动员也是这样，这是因为我们没有经济负担，而且稳定的家庭能够成为我们的避风港，对于那些生活在国外的运动员尤其如此。

1996年欧洲杯时我23岁，我和青梅竹马的伊瓦娜已经在一起生活了好几年。我已经离不开她，而且我认为三口之家能够让我们更加幸福。我认为人的性格，深受妈妈怀孕期间环境的影响。小伊瓦娜在她妈妈肚子里时，我们每时每刻都是开心的，因此小家伙（还有她的弟弟妹妹们也是）遗传了我们身上好的一面。

另一件影响我人生的事情，没有这么浪漫和美妙，却更加实际。就像我之前说过的，克拉尼奥蒂主席和泽曼主教练的拉齐奥俱乐部观察我已经有一段时间了。

泽曼主教练在前一个赛季中已经数次向拉齐奥俱乐部推荐我，但是克拉尼奥蒂没有下定决心。我为他和他的钱包感到遗憾，因为那时我的身价（大概10亿里拉），远远低于欧洲杯以后。世界大赛总是球员们表现自己的最好窗口，尤其是那些与强队的比赛，因为无论球迷还是媒体都盯着看呢。

我十分理解，为什么17岁的安东尼奥·卡萨诺在攻破国际米兰的大门后，脑子里想的只有一件事：我发财了！事实就是这样，有一些天赋异禀的球员，却一直生活在阴影里——他们或者穷尽职业生涯都没能等到一个机会，或者等到机会，却在那一天不在状态，再或者，他们的心理素质一塌糊涂。天赋是成功的基础，但我再重复一次，性格和运气也必不可少。

在英格兰的20天，我成了一名享有国际声誉的球员，我不只是一名来自东欧的希望之星，坊间谈论我的语气已经变了。对意大利队我进了一个球，此外我还踢了几场很棒的比赛，在与那些世界级巨星的对抗中，我丝毫不落下风。在那个时刻，想得到我的人必须做出更大的牺牲。不过我没有丝毫的迟疑，我只想去拉齐奥，其中有几个原因。首要的是泽曼，他对捷克足球了如指掌，对我的特点也心知肚明，他能够帮助我更好地融入新环境。在对德国队的比赛之前，我暂时没有时间去考虑这些问题……

比赛在温布利球场举行，看台上坐满了德国队和捷克队球迷，也有不少英国球迷，他们早早地买好决赛球票，期望见证三狮军团在家门口捧杯。如今，英国人都成了捷克队的支持者，一方面因为捷克队是本届杯赛最大的惊喜；另一方面因为半决赛中将英格兰队淘汰出局的恰恰是德国人。

我清楚地记得闭幕仪式，虽然我全神贯注于比赛，但同时也不想错过那个夜晚的一切细节。

我们的主教练乌赫林做了充分的赛前准备，更重要的是他和所有球员一样热情高涨。我们站在决赛赛场上，因为那之前我们每一秒的拼搏，无论结果是什么我们都要享受那场比赛。

在那个级别的比赛中，时间变成一种很玄妙的东西：有时候，它快得像闪电；有时候，它又慢得像蜗牛。开球之前，双方队员在贵宾看台前列队排开，两面国旗高高飘扬。

英国女王伊丽莎白二世走入球场，与我们每一名球员握手致意，真是令人激动的时刻。世界上竟然有人能在几秒内，释放出这么大的魅力。也许对于她来说，那仅仅是一种礼仪，一种每天都重复无数次的动作，但对于站在她面前的人来说，完全是另一回事。我那时感觉，她用最庄严的方式，拜托球员们拼尽全力，为观众奉献一场精彩的比赛。东道主已经把布置一新的舞台交给我们了……

国歌的曲调，永远能触碰到你内心最柔软的部分，尤其是当你和队友们肩并肩站在宽阔的球场正中。有些队员习惯声嘶力竭地跟着现场曲调歌唱国歌，还有些球员则习惯了安静地聆听。我记得左手边站的是波博斯基，我们安静却坚毅。

德国人有一首非常好听的国歌，乐曲包含着德国人对于祖国的认同和骄傲。我们的国歌由音乐家弗朗特塞克·斯克鲁普作曲，戏剧家约瑟夫·卡扬唐·泰尔作词。捷克国歌诞生于19世纪前半叶，加上现斯洛伐克国歌的第一节，就是捷克斯洛伐克国歌。我们的国歌名叫*Kde Domov muj*。翻译过来的意思是《我的家乡在哪里》。

以下是捷克国歌的歌词：

何处是我家，何处是我家

牧草地上河水汹汹

峭壁之间松涛萧萧

鲜花绽放的花园

胜似人间的天堂

那就是美丽的祖国

捷克大地，我的家

捷克大地，我的家

何处是我家，何处是我家

在这天堂般的土地

我们精神刚正不屈

聪慧、创新又好客

万众一心的力量

那就是骄傲捷克的血统

在我们之间，在我家

在我们之间，在我家

国歌的魔力就在于，当你把它的歌词当作诗一样来念，它听起来有一点儿老套，甚至有点儿拗口。

国歌如果没有伴奏，不能唱出来，那就丧失了其所有的魔力。如果你足够幸运，能够像我一样，代表整个国家的人，精神抖擞地站在足球场中央，你就会知道国歌真正表达的是什么，讲了什么故事。

歌词中有这么一句，"万众一心的力量"。在那个特别的时刻，我感觉自己正在践行歌词中的内容，我们身上承载了所有捷克人的梦想。

执法那场比赛的是帕伊雷托，当时意大利甚至全世界最优秀的裁判（之一）。与对阵法国队的策略不同，这一次我们决定主动出击，打得开放一些。当你距离胜利只有一步之遥的时候，你需要全力冲刺，而不是原地徘徊。

德国队当时有一批过人高手，他们总是试图控球，小组赛的时候他们就依靠这一策略战胜过我们。不过，我们已不像3周前那样畏首畏尾，我们的主动让德国人很吃惊。我们丝毫不怕与德国人身体接触，即使他们开始粗野犯规也无法吓退我们。这是一个好的现象，因为德国人开始畏惧了。

上半场比赛以0∶0结束，如果不是德国门将安德烈斯·科普克奇迹般地扑出了库卡的一脚射门，我们早已经取得了领先。捷克队球员们的身心都很轻松，照这样踢下去形势很有利，中立的观众也开始看好我们，而不是像比赛之前那样认为我们会成为德国队夺冠的祭品。

下半场过了一刻钟，我们的努力终于收到了回报。在一次快速反击中，波博斯基带球突入禁区，德国队防线上最后一人马蒂亚斯·萨默尔不得不铲倒他。点球！

德国人认为犯规地点在禁区外，他们围住裁判理论，我和队友们的注意力都在球上，如果没有那次犯规，卡雷尔将获得一次单刀。

主罚点球的是帕特里克·博格。帕特里克比我小1岁，但他已经是一个伟大的球员。欧洲杯前一年，他前往多特蒙德队，为球队夺得德甲冠军立下汗马功劳。他的身体素质出色，技术细腻，对方后卫很难盯防他，因为他的跑位十分飘忽，而且有一脚远射绝活。很遗憾，他的整个职业生涯都受到伤病困扰，说实话像他这种球员我一辈子也没见过几个。在23岁的年纪，就勇敢地承担了一个寄托着所有捷克人希望的点球。他冷静地站在12码点，大力射门，足球像炮弹一样钻进网窝。球进了！

1∶0，我们在比赛结束前30分钟取得领先，德国人似乎提前放弃了。

有那么10分钟，德国人的进攻绵软无力，全队脱节。然后他们的教练贝尔蒂·福格茨赌博般地换上了梅尔穆特·绍尔和奥利弗·比埃尔霍夫，一切都改变了。

有些球员，只需要两三次触球就能改变历史，奥利弗就是他们中的一员，他是个头球专家。第73分钟，他接到克里斯蒂安·齐格的任意球传中，头槌攻门为德国队扳平比分。这个变故并没有磨灭捷克队的斗志，在剩余的时间里，我们发起了一波又一波的攻势：霍纳克和斯米切尔都有绝杀的机会，但德国门将科普克如有神助，一一将他们的射门化解，比赛不得不进入加时赛。

这里我要澄清一点，有些人喜欢把球场上发生的一些变故，渲染成"世界末日"，但我认为运动场上发生的悲剧，只能算是小悲剧。加时赛第5分钟，比埃尔霍夫在我们禁区内拿球，防守球员已经卡住位置。在极端困难的情况下，他用左脚射门，足球经过2次折射，掉进了捷克队球门。金球决胜！德国人连反攻的时间都没有留给我们，比赛结束了，一个夏天的梦想终结了。

德国人赢了，热门夺冠了。留给捷克人的是银牌，还有现场球迷满满的祝福，至少我们是这么觉得的。事实上，当我们拿好行李，乘飞机回到布拉格，才发现迎接我们的是一个意外、盛大的节日。

全捷克都等着我们回家，开始一场盛大的庆祝。你们没有看错，成千上万的同胞，在机场外迎接我们，大家把我们拉上游行的花车，开始与大街小巷的无数球迷一起庆祝。直到那一刻我们才明白，自己究竟取得了什么成就，我们的亚军有什么意义。

与去英格兰之前比，每一名球员都发生了变化，尤其是年轻人的成长显而易见。有一些球员得到了国外豪门的邀请函，成长为世界级球星；有一些走完了职业生涯的最后一程，退役挂靴；还有一些则留在国内。有一件事是一样的，那支团队的每一个人，都将1996年欧洲杯看作职业生涯最美好的回忆，所有人都把那个团队看成一个大家庭。我与他们中的大多数人至今仍然保持着联系，还有一些在随后很多年里都是我效力的国家队的战友。尽管我们又拿到过不同的荣誉，但一直未能重复英格兰之夏的回忆。我认为，在英格兰的那一个月，一定有着某种魔力光顾。这种魔力留在了我和伊瓦娜身上，我们后来还把它带到了意大利。

我们带给球迷们梦想和笑容，带给他们快乐、美好的时光，他们甚至把我们当成信仰，分享我们的喜悦和痛苦。生活有时候是艰难的，足球这样一个简单的游戏往往能够让生活更加有趣，能够让人在沉重的现实中喘一口气。

第6章 罗马假日

　　实际上，我在罗马的日子压根儿算不上假日，因为泽曼是一位以魔鬼训练著称的教练，我还是以后再仔细说吧。

　　我在1996年夏天到达罗马。新科欧洲杯亚军，准爸爸，一个搬到"美丽之国"的外国人，这些都是我的新身份。我有时候觉得，意大利人身在福中不知福，他们压根儿就不知道自己生活的地方有多么美丽。我和伊瓦娜则很庆幸能够来到这个国度，并待上这么多年。

　　罗马给我的第一印象好极了，我感觉自己像是来到了另一个星球。这座城市太美了，以至于有时候它看起来不那么真实，好像一张明信片。朋友建议我们把家安在城外，离拉齐奥训练基地不远的地方，我们照办了，因为罗马城的交通有时真能把人逼疯。但我们还是愿意一点点地发现罗马的美，于是尝试混在游客里到处逛逛。很快我们发现这行不通……

如果说罗马是一座美丽而又奔放的城市，那么它所有的热情都来自于罗马人。我把罗马人的热情比作一个强烈的拥抱，他们会让你感觉自己是一名贵客，而且会为你营造一种奇妙的氛围。

如果你现在问我对罗马这座城市的第一印象，我想到的一定是罗马人，甚至超过罗马悠久的历史。捷克人给人留下一种比较冷漠的印象，在表达感情方面大家都比较内敛：名人走在街上，绝少被人打扰，即使你是捷克的国家队球员或者公认的国民偶像。

而在罗马，名人会一遍又一遍地被路人认出，没走两步就要停下给别人签名或合影。我到罗马的第一天就是如此，那时候我感觉有趣儿但又很奇怪。直到今天，我仍然尽量满足每一个签名或者合影的要求，我认为这是一种尊重，是对于喜欢、爱戴我的球迷们的一种回报。我还在每一次签名的时候提醒自己，能够达到今天的成就是多么幸运。

这里我还要插一句，关于现在的我而不是罗马的那个我：就在这本书定稿的这几天，我正在米兰观看国际米兰与尤文图斯的一场联赛，这场意大利德比对刚刚入主俱乐部的安德烈亚·阿涅利[①]

---

① 安德烈亚·阿涅利，1975年12月6日生于都灵，尤文图斯足球俱乐部现任主席，阿涅利家族的第4代传人，也是目前阿涅利家族中唯一姓阿涅利的成年男性。他是尤文图斯传奇主席翁贝托·阿涅利的次子，他的哥哥乔瓦尼·阿尔贝托·阿涅利于2000年死于癌症。安德烈亚曾在英国牛津大学读书，后在尤文图斯实习时接受了万宝路烟草公司的邀请，担任万宝路在F1赛事运作中的负责人。他对足球、赛车和帆船都很着迷。他曾经为比亚乔、欧尚、法拉利工作过。这样的经历让安德烈亚早就被看作是尤文图斯主席潜在的接班人。2010年5月，他被任命为尤文图斯俱乐部的第25任主席。

来说十分重要。

安德烈亚首先是我的朋友，我一生中最好的朋友之一，因此我们决定一起前往米兰。

比赛结束之后，我们与球员们在更衣室里谈了一会儿。当晚，尤文图斯球队留在米兰过夜，而我们决定连夜赶回都灵，于是便上了汽车。在高速公路上，我们的随行人员发现，有一辆车从高速入口开始就一直跟着我们，而且还试图吸引我们的注意。

当我们停在一个服务区休息吃饭的时候，一直跟着我们的车也停下了，车里走下一群小伙子，都是尤文图斯球迷。他们本来是要回帕多瓦，但在高速入口认出了我们，于是便改道一路跟着我们，这意味着他们要在晚上多开200多公里。从和他们的交谈中，我得知，那几个小伙子第二天要早起，是干体力活的。他们和我们打了招呼，然后就聊了起来，其中有一个人特别激动，他的故事令人难以置信，但对我来说又无比美妙。他挽起了自己的左衣袖，我看见在他的手臂上文着几个大写的字母：PAVEL（帕维尔）。

我笑了，问他这个文身是献给我的吗，他说是的，他不只为我文身，还给自己的儿子起名帕维尔。

这种事情让我明白，你对于球迷来说能有多重要，你在他们心中能扮演什么角色。我永远不会辜负那些爱我的球迷，这是一种责任。

我们带给球迷们梦想和笑容，带给他们快乐、美好的时光，他们甚至把我们当成信仰，分享我们的喜悦和痛苦。生活有时候是艰难的，足球这样一个简单的游戏往往能够让生活更加有趣，能够让人在沉重的现实中喘一口气。

我发现那群球迷和我们搭讪时是幸福的，忘记了绕道数百公里的奔波疲倦，也许他们之后很长一段时间都能够以此来向家人们炫耀（抑或只是有借口为晚回家解释）：在一个普通的高速公路服务区碰见尤文图斯的主席和我，对于他们来说是件不可思议的事情。我鄙视那些耍大牌的明星们，他们的一举一动都是愚蠢的。只要拥趸没有侵犯到私人空间，让他们开心并不耗费你很多精力。

一开始，罗马人的热情有点儿让我吃不消，尤其是每当有球迷想拍伊瓦娜和孩子们，侵犯我家人隐私的时候，我甚至会用激烈的方式制止他们。他们掏钱买的是球票，可不包括看球员的家人。

大部分时候我是和善、耐心的，但当我和家人在一起时，我不希望有人来打搅我。因此，我们把家安在福尔梅洛训练基地旁的奥尔加达区。

在拉齐奥的几年，我很少去市中心，这并不意味着我对这座城市的爱有丝毫减少。对我来说，罗马永远是一座梦幻之城，它在我和伊瓦娜心中都有着无可比拟的地位。告别它时，伊瓦娜难过了好久。

现在让我回到1996年夏天吧。之前我就说过，加盟拉齐奥最大的原因就是泽曼。一开始我并不想去意大利，我觉得在意甲生存太难了，加盟那里之前最好先找一个跳板。我的想法是，找一家小国的豪门积累一些经验，等时机成熟再去意甲、英超、西甲中的一个。

荷甲PSV埃因霍温曾经给我发过邀请，那时他们实力不俗。考虑到他们的薪水十分优渥，而且我的主力位置有保证，我几乎就要和他们签约了。最后关头，我决定接受挑战，签下了拉齐奥的合约。

我带着欧洲杯上的激情回国，疯狂地庆祝一番，然后开始了假期。我的假期可不像大家想得那么轻松：每个假期，我只会给自己放三四天假；在剩余的时间里，我的作息和赛季中一样，独自训练。

每一名球员都应该清楚职业精神是什么，知道什么时候应该训练，训练量是多少，什么时候又必须休息，你必须学会和身体"交流"。对于我来说，我的竞技状态建立在节奏上，如果我找不到那个节奏，那么我那个赛季就毁了。正因为如此，从布拉格斯巴达时期开始，我就养成了每天慢跑和射门训练的习惯，即使是非备战日期。我的一切努力，都是为了让自己稳定在最好的比赛状态，配得上我拿的薪水。我始终热爱我的职业，一直保持了对足球最大的尊重。

我的习惯，给我和伊瓦娜造成了一些小问题：和我这样一个即使在休息时间也要分心到工作上的男人生活在一起，意味着她必须独自承担家庭的许多重担。

伊瓦娜是一个要强的女人，她从不向家人索取，而是独自照顾我们孩子的生活，督促他们的学习。

1996年夏天，小伊瓦娜还在妈妈的肚子里，小帕维尔则只是我们的未来计划，因此我们享受了最后一段二人假期。那段时间让我为接下来的冒险做好了充分准备。

我必须信守承诺，不辜负各方面的期望，尤其是泽曼的知遇之恩。

记者们问过我许多次，泽曼是什么样的人，我和他的关系到底是什么样的。我认为，泽曼就是泽曼，一个出色的教练，一个非常特别的男人，我从不吝啬对他的赞扬。

他对于生活、对于足球都有着自己的想法，谁也没办法改变他。只要他选了一条路，就绝对不会回头，我认为这就是他的标签。我永远感谢他，因为在我自己都不相信自己的时候，他无条件地信任我，他用自己的方法激励了我。

他的足球风格是全世界独一无二的，他喜欢攻势足球、美丽足球，对他来说踢球只有一个目的，那就是进球。如果你问他，是不是对防线一点儿不在乎，他会微笑地看着你，然后说："比别人多进一个球永远是最重要的，进攻就是最好的防守。"

我曾经无数次听他说过自己的战术理念，实际上那也是我喜欢他的原因之一：只有"疯子"才会这样想，有时候"疯子"才是最有趣的人。他始终认为球迷应该享受比赛，绝对排斥"1∶0的丑陋胜利好过4∶5的美丽失败"。

泽曼的另一个性格特征是，他永远不隐藏自己的情绪，永远不拐弯抹角地说话。对周围的一切人或事都如此。

泽曼为人坦荡的例子？在我转会尤文图斯前后，我们有很长一段时间没有联系，因为他与尤文图斯管理层的矛盾。他对我始终彬彬有礼，从来没有谈过他与尤文图斯的过节，因为他不想影响我。事实上，那时候他担心我加盟尤文图斯之后成不了球队的旗帜，因为俱乐部有一个强硬的管理层。他错了，因为我在尤文图斯取得了成功。不过，历史上有哪个伟人没有犯过错呢？

无论如何，到达罗马时，我觉得自己状态好极了，我在布拉格斯巴达见到的足球水平已经足够高了。

我全错了！首先我发现自己的战术素养简直幼稚，然后我在泽曼的课堂上了解了真正的足球：这项被许多外行人斥为22个男人穿着短裤追逐一个足球的愚蠢游戏，原来也可以这么有观赏性。泽曼的训练方式，尤其是体能训练，影响了我的整个足球生涯。

泽曼还有一点儿强迫症，他关心球员的一切细节，他要求球员的绝对服从，因为没有充分的准备和贯彻，他的足球风格是不可能奏效的。泽曼帮助我融入了意大利足球，我自始至终相信他，追随他。

我的职业生涯渐入佳境，我的家庭也等待着新成员的降临。我和伊瓦娜享受着人生中最美好的时光，我们这对客居异乡的年轻夫妇，只能互相扶持，相信彼此。也是那段时间让我们发现，自己的生存能力有多么强大。

拉齐奥赋予了我许多，但我知道自己配得上这一切。我给那件天蓝色球衣争了光，这令我无比愉快。

第7章　冠军，男人，伙计

　　拉齐奥主席塞尔吉奥·克拉尼奥蒂打造了一支无与伦比的球队，选择了一个特立独行、不按常理出牌的主教练。

　　就像我在接下来的章节里要说的，我不想在球迷们面前妄说是非对错，尤其是关于那些和我合作过的人。这不是说我对事对人没有主见，相反，我对身边的一切都有独到的看法，我也相信法律以及执行法律人的公正。任何人表达自己的观点，都要考虑影响，写作这本书的目的并不是道德批判，更不是做司法判决，那些事情都是法院、足协的事情；写这本书的目的，也不是宣传坊间流传的谣言。在我的自传里，塞尔吉奥·克拉尼奥蒂是拉齐奥主席，一个无比热爱球队，倾尽全力把拉齐奥（第一次）送上欧洲之巅的主席。

这是一本关于足球的书，我的足球。一段我的足球史，一些关于我曾经穿过、现在仍然深爱着的球衣的故事。我是一个充满激情的球员，从没有懈怠过，我的工作是上场踢球，我绝对配得上领过的每一分钱。在足球的领域里，塞尔吉奥·克拉尼奥蒂是一位伟大的主席，我和他的关系亲密无间，我知道他为我着想。我一直叫他"老头儿"，因为他的行事作风比真实年龄老成得多，在他沉稳的外表下，其实隐藏了超人的才智和求胜心。

拉齐奥的重建始于1992年，在那之后克拉尼奥蒂一次又一次慷慨解囊。除了自家青训营培养的亚历山德罗·内斯塔，拉齐奥在20世纪90年代买入了一批实力球员：卢卡·马切吉亚尼、朱塞佩·法瓦利、保罗·内格罗、迭戈·福塞、朱塞佩·西格诺里、皮埃尔路易吉·卡西拉吉……那支团队有一群最强的意大利球员，潜能无限。

我很快就融入了那个团队，我的每一名队友，无论年龄和名气，都给我提供了帮助。俱乐部买入我是为了替代阿隆·温特[1]，我感到了肩上的压力。

我们踢的是泽曼最经典的4-3-3阵型，也许这是全世界最疯狂的阵型，每一名球员都需要参与攻防两端，压根儿没有喘气的机会。我的位置非常符合我的技术特点——左边锋，任务是一刻不停地冲击对手防线。

---

[1] 阿隆·温特，有中国血统的荷兰名宿。

对于意大利足球来说，那也是重要的一年：每一届国际大赛后，意大利各大俱乐部都要打开荷包，网罗世界上最强的球星。那一年博斯曼法案生效，合同到期的球员被允许自由转会，豪门的军备竞争更加肆无忌惮。

齐内丁·齐达内（又是他）、尤里·德约卡夫、埃德加·戴维斯、利连·图拉姆、胡安·贝隆、埃尔南·克雷斯波、伊万·萨莫拉诺都在那一年来到，意甲的火药味儿前所未有。前一年拉齐奥名列第3，1996—1997新赛季自然要冲击冠军。

可是意甲开局无比糟糕，球员们仿佛集体忘记了怎样踢球。没过几轮，泽曼的帅位已经风雨飘摇。事实上，在他被解雇前，我们的状态已经好转，逼平了罗马队，接着又3∶0横扫AC米兰。这些都不够……

我相信，主教练泽曼被解雇是个悲伤的时刻。赛季中途换帅的球队通常要经历震荡，因为教练不仅仅是战术的制定者，是把团队凝结在一起的人，还是球员们的心理辅导师，教练是多重身份的人，他们清楚一旦球队成绩低迷，自己是责任承担者，但我觉得这是不公平的。

在球队最困难的时候，很少看见球员和主席都站在教练一边，无条件互相信任的情况，弗格森和温格（分别为长期执教曼联和阿森纳两大英超豪门的主帅）的故事，已经不仅仅是稀有，而且是世界足坛屈指可数的特例了，他们之所以能够拥有不可动摇的地位，是建立在持续不断的成功上的。

通常，足球圈不会给你后悔的机会，我们糟糕的战绩导致泽曼"下课"，当然，泽曼的固执也是原因之一，他不愿改变战术，向世俗屈服。

对我来说，那是一个巨大的痛苦，主教练自己也难过极了，拉齐奥就像他的孩子一样。也许只要再多给他一点儿时间，情况就会大不一样，但在竞争如此激烈的意甲联赛之中，时间恰恰是可遇而不可求的。

我认为自己已经尽了最大可能来留住主帅，尽管现在回想起来，那时候我做得还是不够好。尽管我在球场上表现不错，迅速征服了球迷们的心，但由于初来乍到，在更衣室里我并没有什么话语权，最终没能够改变俱乐部的决定。

1997年1月，泽曼"下课"，代替他的是迪诺·佐夫，另一位和拉齐奥颇有渊源的名宿。尽管风格与泽曼迥然不同，但迪诺·佐夫也是一位睿智、专注的教练。

换帅的结果不差，那个赛季我们最后冲到了联赛第4名，我踢了许多场好球，还有7个进球。球迷们愈发喜欢我，还为我编了一首著名的歌曲《内德维德，钢铁之心》，他们赞扬我全场飞奔，不遗余力拼搏的比赛风格。

那个赛季给我印象最深的一天却是在场外：小伊瓦娜出生的时刻。我早早向球队请假，但主教练迪诺·佐夫那一天仍然把我写进大名单里，这让我既困惑却又激动。最后佐夫只让我踢了半场（现在我都想不起当时的对手），一完赛他就放我回家了。

我当爸爸了！这是我和伊瓦娜人生中的重要一步，那之前我们已携手走过很长一段路。

我没有告诉大家，我和伊瓦娜早在1993年就已经结婚了，当时我21岁，而她只有19岁。那是一个自然而然的决定，我和她早已心心相印，婚礼不过是一个仪式而已。

罗马时光对于我的家庭来说是最美好的回忆，女儿小伊瓦娜3岁时，儿子小帕维尔又来到这个世界，我很高兴孩子们把自己人生最初的日子留在了一座如此美妙的城市。

我的职业生涯和家庭生活齐头并进。1998—1999赛季，尽管我遭遇了职业生涯少有的伤病，拉齐奥还是在佐夫的继任者斯文·埃里克森手下成长、进步。一众新援的到来，让我们的实力实现飞跃：德扬·斯坦科维奇（他现在仍是我最亲密的朋友之一）、贝隆、维埃里、阿尔梅达、克雷斯波、西蒙尼、曼奇尼、尤戈维奇、孔塞桑、米哈伊洛维奇、库托，他们之中的每一个人，都在拉齐奥的历史上写下了属于自己的一笔。

拉齐奥的打法不但场面好看，还能够取得比赛的胜利，我们不断为拉齐奥捧起一座又一座冠军奖杯：欧洲优胜者杯（我还在决赛中攻入了职业生涯最精彩的进球之一）、欧洲超级杯、意大利杯，以及最重要的意甲联赛奖杯（之后的文章中我会详细道来）。

那支球队之所以成功，既在于球员们的强大个人实力，更在于性格迥异的球员能够在球队更衣室里和平共处。尽管我知道如何取得别人的信任和尊重，但我从来都不是一个党同伐异之徒。每一支球队的更衣室里，都有着形形色色的小团体，或者根据国籍，抑或根据年龄，或者根据性格拉帮结派。而在拉齐奥的更衣室里，既有性格火暴的人，也有人见人爱的老好人，还有正气凛然的肱股之臣。朱塞佩·法瓦利是个天生的领袖，他善于听取每一个人的声音，给出最中肯的意见，他对队友的关心是罕见的。法瓦利是我见过最友好的队友之一，他为拉齐奥的团结做出了伟大贡献。另一个把整支球队团结在一起的因素，是大家的求胜心。

球队统一的目标，能够让团队把眼光放远，忘记眼前的不和。我见过一些非常奇怪又疯狂的事情：队友之间恶语相向，拳脚相加，甚至在更衣室里扔东西（一般是水果和蔬菜），就像动作片一样。主教练埃里克森总是能够利用统一的目标来弥补球队的裂痕，当然他从桑普多利亚带来的"元老院"也帮了他很大忙。

有几次，球队内部矛盾闹得满城风雨：曼奇尼和库托激烈地大吵过一架，然后库托又差点儿和西蒙尼打起来。好在，我提到名字的3个人最后都成功化解了矛盾。

迭戈·巴勃罗·西蒙尼是我所见过最伟大的职业球员之一；费尔南多·库托是最佳中卫之一，有着一副钢铁铸就的身躯；前锋罗伯托·曼奇尼是……这么说吧，曼乔是足球史上难得的天才，能够与他成为队友是我的幸运。我想说，他在球场上的表现是独一无二的，无论从好的还是从坏的方面来说。大部分时候，曼乔带来的影响是好的，他能够做出一些你连想都不敢想的技术动作，用一种很艺术的方法。曼乔代表了最华丽的足球，但有时候他又让队友吃不消，我指的是，当他得不到想要的传球时……我的上帝呀！即便是对手也没有像他一样侮辱过我，想和他成为队友，你得清楚他既富有个人魅力，又有着霹雳火的脾气。

曼奇尼能够取得今天的成就，也和他的性格有关。罗伯托·曼奇尼做球员的时候是世界最佳之一，如今当了教练还是世界最佳之一。

拉齐奥赋予了我许多，但我知道自己配得上这一切。我给那件天蓝色球衣争了光，这令我无比愉快。

在我5年的拉齐奥时光之中，最难忘的一天当属2000年5月14日：那一天我亲手从尤文图斯那里夺走一个荣誉；几年以后，我又为尤文图斯赢回了那项荣誉。

第8章 德比

让我更加愉快的，是回忆那些年我参加过的罗马德比，以及在那些德比战中我的贡献。

对于罗马德比，除了独一无二，你很难再找到一个词来形容。罗马德比也是我参加过的最火爆的比赛：在比赛前后的两周时间里，球员们都不敢出门。

每一场罗马德比都承载着球迷无限的希望，这种希望有时候会变成巨大的焦虑。每一次参加罗马德比，球员们都知道自己已经不仅仅代表一家体育俱乐部，在那个时刻球员代表了一种更伟大的东西——球迷们愿意为了球员身上球衣的颜色付出一切。比赛之前两队球迷都精心准备，因此每一场罗马德比的看台都是一道亮丽的风景线。如果没有那些足球以外的冲突，罗马德比绝对是全世界最漂亮的比赛之一。

每当我看到那些球场内外的暴力事件，都会感到非常难受，因为这是和足球相关的最糟糕的事情。

难道有人不知道，对立只是球场上、体育范畴内的事情？难道有人不知道，为了胜利我们所有球员已经竭尽所能了？

对于暴力，我不想用任何袒护的言辞：它让我恶心，也让球迷们畏惧到球场来看球，而且我可以告诉大家，没有任何一位球员愿意在空空如也的球场里踢球。球迷有许多方法展现自己对于俱乐部的爱，但没有一种理由可以让他们逾越法律和道德。

当泽曼在罗马队上任时（1997年夏天），曾经诚挚地邀请我去那里和他会合，我感谢了他的关心，但我明确告诉他我不能那样做。我是拉齐奥人，有些事情我绝对不会做。

我与罗马队的球迷们一直维持着良好的关系，尽管他们在德比战中想尽一切办法来羞辱我，但是每次他们在街上碰到我，都表现得礼貌而友好，他们尤其赞扬我的比赛风格和职业精神。

关于罗马德比，我还有两段截然不同的记忆，一段好的，一段坏的。

我先从坏的记忆说起吧，我知道许多球迷都很好奇（也许有人认为我永远不想提那场比赛，你们错了）。那次记忆的主角是罗马队右后卫马科斯·卡福，他连续3次挑球过我，多么难忘的经历啊！

现在的年轻球迷也许从来没有看过卡福的比赛，我想说，你们太不走运了。

和麦孔一样，卡福是历史上最出色的边后卫之一，他兼具了巴西人健硕的身躯和无与伦比的技术。卡福还是一个真正的赢家：他职业生涯3次参加世界杯决赛，两次夺冠（有一次还是作为队长捧起大力神杯）。别看他总是笑着踢球，却也不吝啬放狠招儿。

如果你没有和他交过手，那是你的运气，非常走运：卡福在球场上所做的每一个动作都会令对手难以预判，因为他的速度不在正常人的范畴之内。我记得他那次过我的每个细节，那画面简直像个噩梦，即使已经过去十几年，仍旧让我心有余悸。

当时，卡福在边路接到一个非常难于控制的弹地球，他首先用胸部碰了一下球，我已经封住他的路线，就在这时他用脚挑球过我，此时我想背身扛住他，可卡福却以不可思议的速度蹿到我身前，并且再次把球挑过我的身体。我那时已经晕头转向，球到底去哪了？卡福可不会回答我的问题，相反他用大腿把球停住，并且再一次把球挑过我，这一次他终于从我身边溜走了……5秒之内3次戏耍我，整条边路仿佛变成他个人表演的舞台。西蒙尼比我狡猾得多，当卡福最后一次过完我在他面前卸下球时，他直接把卡福放倒在地，避免了自己被戏耍，也算是为我出了口恶气。

我能说什么呢？在我的职业生涯中再没有第二次遭受这种奇耻大辱，考虑到这发生在一场罗马德比中，更是雪上加霜。不过，一个成年人应该坦然接受失败，尤其是当你的对手是一位现象级球员时。在我的职业生涯中，像卡福这种对手凤毛麟角，从这个意义上来说，被他羞辱也算我的"荣幸"，一种本该避免的"荣幸"……无论如何，那也是比赛的一部分。

关于德比战，我最美好的记忆则发生在1997年11月1日，那一天我们3：1战胜了罗马队，我攻入一个进球。当时罗马队的主教练恰好是泽曼。

那个赛季我们赢了全部4场德比（2场在意甲联赛，2场在意大利杯），在其中的第一场，我用与卡福相似的过人方式羞辱了罗马队，一雪前耻：下半场尾声阶段，我在左边路接到队友的界外球，罗马队后卫塞尔维代伊上来阻截我，我没有停球，而是直接挑球过掉他，直扑禁区。面对出击的门将孔塞尔，我第二次将球挑起，这一次足球飞入球门。那是我进过难度最大，同时也是最漂亮的球之一。那是球队进的第3球，我们稳赢永恒的对手。

罗马德比还间接促成了我这辈子最重要的会面之一：我作为拉齐奥的代表，与罗马队的代表达米亚诺·托马西一起，接受了教皇的接见，并在梵蒂冈给一群孩子演讲。教皇约翰·保罗二世是我最崇敬的人之一，当他亲口向我，一个年轻的足球运动员，问起童年回忆的时候，我感到无比荣幸。那之后我又见过教皇一次，我依旧怀着难以用语言描述的激动。我是一名球员，也是一个公众人物，这些特性让我有机会接触不同领域的杰出人物，但没有任何经历能够与觐见教皇相提并论。我为生活在罗马，为能为一支伟大的球队效力而自豪。

回到足球场内。在我5年的拉齐奥时光之中，最难忘的一天当属2000年5月14日：那一天我亲手从尤文图斯那里夺走一个荣誉；几年以后，我又为尤文图斯赢回了那项荣誉。意甲联赛冠军……

那是一场特别的比赛，我至今仍然记得每一个细节。拉齐奥的阿根廷人成了救世主，不仅仅是因为西蒙尼终场前的绝杀（带来了2：1的胜利），更因为阿根廷人把拼搏精神传递给了每一个队友。终场哨起之后，我们全队走向拉齐奥球迷所在的看台，那一刻我们开始相信，梦想一定能实现。我仿佛听见有一个声音说，命运总是公平的，是时候拿回去年你们输掉的冠军奖杯了。

第 9 章　胜利和告别

有一些球队和一些城市，从来都不知道如何庆祝胜利，有的地方甚至没有一个夺冠庆典。

罗马不是这样，罗马的球队夺得任何一个重要荣誉之后，总是有盛大的广场集会，还有涌上街头的人和车，交通一定会瘫痪。代表罗马城的球队取得胜利，你会感觉自己把真正的幸福送给了许多人。

我在拉齐奥的几年，输掉了一些东西，但赢得的更多。我们在1998年输掉了一场与国际米兰的欧洲联盟杯决赛，因为对手的阵营中有一位此生最让我激动的球员。罗纳尔多是一个让人难以置信的球员，他让所有对手胆寒：那些普通人很难完成的动作，他却能够在速度提升好几倍的情况下轻松完成。他的足球风格代表了一种独一无二的美学，我还记得亚历山德罗·内斯塔在一场比赛之中被罗纳尔多激怒，强硬地阻止他并对他说别再玩弄我们了，罗纳尔多却心平气和地回答，他不想玩弄任何人，只是在按照自己的风格踢球。闪电般的速度，杂耍般的动作，乐观的精神，强烈的求胜欲，那个小伙子是上天赐予足球的慷慨大礼。

当第二年罗纳尔多遭遇重伤时，我为他感到难过：虽然随后几年里他赢得了一切，还在顶级的俱乐部（皇家马德里）踢球，但和所有年纪轻轻就遭受重创的巨星一样，罗纳尔多年轻时的一些魔法，你再也见不到了。他的速度没那么快了，对自己的信心没那么足了，没那么乐天了，他变成了一个更加职业的球员。但这就是生活，况且我有幸与最炫目的那个罗纳尔多交过手，感受过他在球场上驰骋过后留下的风。

我们也在最后时刻输掉了一个意甲冠军，在1998—1999赛季。①那真是糟糕的记忆，虽然我至今仍然认为那支拉齐奥比夺冠的对手更强大。

我们是一个强大的团队，有着一位优秀的主教练，一个知道用他的冷静和人格魅力战胜困难的真正绅士。可惜连续的伤病，以及患得患失的心态，最终让我们痛失好局。在赛季前半程，我们始终紧紧咬住佛罗伦萨，并最终在1月实现反超。接着我们又一路连胜，在收官阶段曾将领先优势扩大到7分。足球场上永远风云

---

① 赛季大部分时间是拉齐奥领跑，最后遗憾地被AC米兰逆转夺冠。

莫测：倒数第8轮我们在主场与AC米兰交锋，维埃里一记好球被吹掉，比赛以0：0收场；接着我们输掉了一场罗马德比，又糊里糊涂地输给了尤文图斯，领先优势瞬间被蚕食至1分。

倒数第二轮是生死时刻（拉齐奥已经落后AC米兰1分），AC米兰轻松战胜恩波利，而我们却在主裁判的拙劣表现下，战平了佛罗伦萨。

我从来不评价裁判，这是在布拉格斯巴达时被强迫养成的习惯：那时我还是个愣头青，老喜欢对着裁判喋喋不休。这个坏习惯让我吃了大亏，有一个赛季我连续在第6轮、第10轮和第13轮被罚下场。我踢球不脏（我踢球没有小动作，尽管布拉格斯巴达的队友经常让伊瓦娜劝我，因为我在训练中动作比较大），但那时候我很难服从主裁判的决定，那是我一个心浮气躁的阶段，什么话都很难听进去。后来我才知道，要想成为一名出色的球员，一定要改掉陋习，养成尊重裁判的习惯。

这里我要讲述一个特别人物，这个人在潜移默化中给了我很大帮助——吉里·涅梅茨。我在之前的文章中提到过，他和我一样司职左边路，是我绝对的偶像，我有幸与他在布拉格斯巴达队和捷克国家队都共事过，我们还是多年的室友。吉里是个沉默寡言的人，但是他同时也是个聪明细心的人，尤其善于处理人际关系。我记得在集训期间的假期或是训练结束后的空闲时间，他最喜欢做的事情就是躺在床上看书，每一次他都装作我不存在，其实他用余光就能够了解我的一举一动。如果我把房间弄乱了，或是把穿过的脏衣服扔在地上，他就会放下书漫不经心地说："伙计，我受不了凌乱，把房间整理好。"或者说："伙计，你吵到我了，安静点儿吧。"他一遍又一遍的重复让我改掉了生活中的陋习，更让我知道如何为别人着想。

通过观察他的一举一动，我还学到了正确的球场举止，以及与裁判们的相处之道，因为这些小细节只有通过经验的积累才能够完善。

裁判是比赛的一部分，他们的职责是做出必要的决定以保证比赛的顺利进行。裁判是必不可少的，裁判的错误也是不可避免的。球员们所能够做的，是服从，哪怕代价是高昂的。

吉里·涅梅茨一直是捷克国家队的队长，2001年他退出国家队时（当时他35岁，比我大6岁），把队长袖标传到我手里。对于我来说，那是一份至高无上的荣誉，更是对于我成熟的肯定。我对裁判的看法改变了，当然有时候我还是会不理智，与裁判理论，甚至被罚下场，但是我再也没有把裁判当成过问题和敌人，我只是帮助他们纠正错误（包括我自己的和他们的），抑或是尽量与他们交流。

让我们回到1998—1999赛季。以这样的方式输掉意甲冠军，对于我们来说是一个巨大的打击，拉齐奥主席塞尔吉奥·克拉尼奥蒂痛定思痛，决定进一步补强阵容，于是他一口气签下了贝隆、西蒙尼、森西尼及西莫内·因扎吉。

虽然没有一笔交易是划时代的，但每一笔引援都是有的放矢，弥补了球队的短板。虽然头号射手维埃里的离开让大家十分难过，但是西蒙尼很快就打出了身价，贝隆更是为我们的中场带来了前所未见的技术含量，那是我所共事过的最强大的中场。西蒙尼是个硬汉，他永远斗志昂扬、精力集中，永远准备好帮助队友、力挽狂澜于即倒，总之他是团队中一枚完美的棋子。

除了这些已经名满天下的大牌球星，在那个团队之中也不缺乏任劳任怨的角色球员以及让人眼前一亮的未来之星，由于篇幅所限，我只能各介绍一个。第一个是我的好朋友圭里诺·戈塔尔迪，虽然他很少能够获得出场机会，但是仍然是那个团队的灵魂人物之一。他几乎能够踢球场上的所有位置，更重要的是，他是我到拉齐奥以后认识的第一个朋友、兄弟、司机、翻译。我签约拉齐奥以后泽曼就把我托付给了他，是他亲自到机场来接我，是他带着我熟悉罗马的生活，是他把我引进了那个冠军的更衣室。我至今仍然感谢他对我的付出（尤其是他接送我路上堵车所花的时间），尽管我在罗马的第一个住处位置不理想，但那是泽曼的"责任"。

那支团队中最让我看好的年轻人是德扬·斯坦科维奇。德扬一直把最好的赞誉送给我，他把我描述成一个完美的职业球员，一个值得所有孩子学习、模仿的足球运动员。我认为他身上蕴藏了罕见的天赋，他小小年纪就已经拥有了令人咋舌的战术纪律观念，我相信他一定能够成为世界上最好的球员之一。德扬是个慷慨的人，是历史上最全面的球员之一，我很高兴他赢得了他所应得的一切，作为朋友我为他感到骄傲。

1999—2000赛季，对于拉齐奥来说是梦幻般的一年。整个赛季的第一场比赛，我们在摩纳哥的路易二世球场举行的欧洲超级杯赛中作为上赛季欧洲优胜者杯冠军挑战欧洲冠军杯冠军曼联队。

主教练埃里克森做了最充分的准备，比赛也如他所预料的那样胶着，最后我们依靠萨拉斯的一粒进球，捧起了欧洲超级杯。

在意甲联赛中我们的开局也很好，早早与尤文图斯一起领跑积分榜，将马尔切洛·里皮的国际米兰和法比奥·卡佩罗的罗马甩在了身后（足球真是奇妙，大家都知道这两个教练后来的故事）。

到年底时，我们排名榜首，不过尤文图斯最后时刻拿到了半程冠军。

那时候正是意甲著名的"七姊妹"时代，冠军争夺空前激烈。AC米兰一度发起反攻，但我们与尤文图斯稳居第一集团，根据赛程，两队之间的争冠之战于4月1日在都灵上演，那时候我们还落后尤文图斯6分。

那是一场特别的比赛，我至今仍然记得每一个细节。拉齐奥的阿根廷人成了救世主，不仅仅是因为西蒙尼终场前的绝杀（带来了2∶1的胜利），更因为阿根廷人把拼搏精神传递给了每一个队友。终场哨起之后，我们全队走向拉齐奥球迷所在的看台，那一刻我们开始相信，梦想一定能实现。我仿佛听见有一个声音说，命运总是公平的，是时候拿回去年你们输掉的冠军奖杯了。

那个赛季的进程告诉我们，足球是不可预知的。尽管我知道这有点儿啰唆，但我还是想请大家和我一起看一遍那个赛季最后几轮的比赛录像。

尤文图斯在赛季收官阶段已经极度疲劳，因为球员们在国际托托杯上耗费了太多精力。不过，在榜首两强的直接交锋结束后，他们还是保住了对我们3分的领先优势。

第一个犯错的是我们自己，客场被佛罗伦萨逼平后，尤文图斯将领先优势扩大至5分，我的许多队友都陷入了绝望。

我绝不是绝望中的一员，我的全部注意力都在比赛本身，就像一条被血腥味儿吸引的鲨鱼。尤文图斯就是我眼中的猎物，我相信我们一定能捕获它。机会很快出现了，他们被维罗纳爆冷击败，我们则取胜对手，积分差距缩小到2分。

赛季倒数第二轮从某种意义上来说是典型的意大利式肥皂剧：每一个人都在抱怨，许多球员感叹这球没法踢了，媒体抓耳挠腮，抛出流传已久的"阴谋论"……

尤文图斯一球小胜帕尔马，主裁判德桑克蒂斯在比赛最后时刻吹掉了帕尔马扳平的一球。我还是不评论裁判的决定，也不想叙述那场比赛后一周的细节，当时我告诉自己，除了准备好最后一轮，其他事情都没有意义。我们只有取胜一种选择，然后祈祷佩鲁贾阻击尤文图斯。对许多人来说，绝地反击从来都是一厢情愿的美梦。

现实有时候比想象得还要美，比如2000年5月14日。

我们最后一轮3∶0轻取雷吉纳，上半场小因扎吉和贝隆各攻入一粒点球，下半场西蒙尼一记头球锦上添花。

不过，佩鲁贾发生的一切，即使最有想象力的人也预料不到。比赛在瓢泼大雨中进行，中途由于场地积水，主裁判科利纳不得不暂停比赛，那边比赛的暂停也迫使我们这边的比赛暂停。一个小时后，科利纳宣布恢复比赛，而我们这边的比赛已经结束，除了等待尤文图斯的比赛结果，我们无事可做。

这里我得说句公道话，以佩鲁贾球场当时的积水状况，恢复比赛绝对是一个错误。话再说回来，尤文图斯和佩鲁贾都是在同一块球场上踢球，如果我说我当时为尤文图斯感到不平，那我也是假话王。

我们的比赛结束后，大家都拥到更衣室的电视机或监视器前，关注尤文图斯的比赛，等待的时间似乎永远没有尽头。人人心里都忐忑不安，究竟佩鲁贾守得住，还是一溃千里？我和法瓦利都觉得，和人群一起等待实在太煎熬，于是决定找个僻静的地方。

我们把自己关进浴室，没有电视也没有广播。他不安地抽着烟，而我则试图从球场观众的动静猜测那边的结果：那场比赛看台上来了7万多名拉齐奥球迷，终场哨一响，他们都越过栅栏，冲进草皮。对他们来说，等待的过程何尝不像《神曲》之中的炼狱。

当卡洛里（佩鲁贾球员）进球时，看台上球迷的欢呼雀跃声把浴室的墙壁都震动了，接着又恢复到死一般的沉寂，气氛甚至比之前更加紧张。

比赛不会结束吗？永远不会吗？

恢复比赛的时间是17点11分，但那之后我完全没有了时间概念：还剩几分钟？为什么球迷们鸦雀无声？佩鲁贾那边发生了什么？

就在一瞬间，最痛苦的等待终于有了答案，球场里的几万人齐声发出一阵解脱的欢呼声。我和队友们再次回到球场上，每一个人都被激动的球迷包围着，有的哭，有的笑，因为没有人想到我们会用这种方式夺冠，在联赛最后一轮，在比赛的最后一刻。

那个冠军是我人生中最美妙的经历之一，我在这一章里提到了一大串老队友的名字，这并不意味着，那些没有被我点名的人就是微不足道的。

萨拉斯、西尼萨·米哈伊洛维奇、博克西奇、阿尔梅达，他们每一个人都为最终的胜利出了一份力，那个冠军团队也许是不可复制的。

那个赛季我们还拿到了意大利杯冠军，虽然球员们最后已经精疲力尽，但是还是想把更多奖杯带回俱乐部更衣室。我在拉齐奥最遗憾的事情，便是没能帮助球队在欧洲冠军联赛上走得更远，好在1999年战胜西班牙马洛卡赢得了欧洲优胜者杯（我在那场比赛中有一个伟大的进球），多少算得上一点儿安慰。

这是一件非常重要的事，一个有必要澄清的事，我希望这一个章节对那些即将开始职业生涯，或者已经偏离方向的年轻人，都有教育意义。我想说的是，兴奋剂让我恶心，兴奋剂是一种耻辱。

第 10 章 小石子

在讲述尤文图斯以及我职业生涯辉煌的后半段之前，我想先从我球鞋的钉子间挑出一粒小石子。

这是一件非常重要的事，一个有必要澄清的事，我希望这一个章节对那些即将开始职业生涯，或者已经偏离方向的年轻人，都有教育意义。我想说的是，兴奋剂让我恶心，兴奋剂是一种耻辱。

我再次强调：请各位远离任何种类的兴奋剂，因为用自己的身心健康换取成绩是愚蠢的行为。

由于我的比赛风格，由于我的耐力和发达的肌肉，我总是大家怀疑的对象，我不想掩饰，这些怀疑严重困扰了我。

在加盟拉齐奥的第一个赛季，我被抽取参加兴奋剂检测的次数，达到耸人听闻的17次。

那17次检测的结果，每一次都是阴性的，而且是任何一个指标。

怀疑我的人总有新的理由怀疑我，最让我生气的是，其实他们只要来看看我的训练，一切怀疑就会不攻自破。

我相信天道酬勤，我还相信，运动员应该把自己的身体看得比一切都重要，运动员应该充分了解身体机能，并且在不借助任何违禁药品的情况下，想办法超越身体的极限。只有通过勤奋的训练，你才能够明白身体中存在多少能量，如何才能调配剩余的体能，什么时候应该停下来休息，什么时候又应该加量。

体能透支不益于健康，甚至是危险和愚蠢的。我永远能够平衡自己的训练安排和球队布置下来的任务，即使现在我已经退役了，仍然要坚持体能训练。运动后大汗淋漓和肌肉的酸疼都让我享受，更别提锻炼后的放松状态了。

球员时代，我在球队集训之前就开始训练，在节假日也训练，训练可以说是我唯一的"兴奋剂"。尽管如此，我还是渐渐感觉到身体机能的衰退、速度的衰退，我对于比赛节奏的把握也出现了微妙的变化。直到最后一个赛季，我还是全队出场最多的人之一，我的表现有目共睹。当时有许多人劝我再踢几年，因为我的状态绝对能够在意甲立足。但我是一个完美主义者，我不喜欢在非最佳状态下踢球，因此我告诉自己，是时候停下来了……

现在我坚持跑步，也坚持和球员们一起训练，我的生活十分安宁，因为我问心无愧：在我的整个职业生涯中，从来没有吃过不该吃的药，事实上我什么辅助药物都没有吃过。对于我来说，服药不但是对自己不负责任，更是对伊瓦娜和孩子们不负责任，是一种让他们讨厌我的行为。我绝不会背叛家庭！

足球界里绝对有兴奋剂，一切体育项目都有，但从来没有人拿枪指着我的头，强迫我注射兴奋剂。我虽然没有使用药物提高成绩，但还是对自己的职业生涯满意，也许那些用了药的人也不会羞愧于肮脏的荣誉，但我还是想说：我一定比他们睡得好，我的梦一定更恬静……

我最讨厌的一种态度就是傲慢。我自己永远谦和地对待所有人，我也善意地假设所有人都会这样对我。即使我知道自己有权利享受特权，却还是努力地工作，我想用辛勤的付出和汗水挣到自己应得的东西。

第11章　都灵城前的障碍

　　离开罗马城，告别拉齐奥，这是一个艰难的决定。我是个现实主义者，所以我知道把那次转会描述成一出悲剧、一个完全由别人强加给我的决定是愚蠢的。做出决定的是我自己，我离开的原因是去一个更大的俱乐部踢球，领到更多的薪水。但大家必须清楚，有些决定是轻而易举做出的，有些则是深思熟虑、饱受折磨后做出的，因为做决定的人将要告别一段美好的记忆，走向巨大的未知。

　　我的妻子伊瓦娜不想离开罗马，她热爱这座城市，而且我们的两个孩子都出生在这里。在那个时候，内德维德家的人口已经增加到4口人，小帕维尔是个出生在罗马的捷克男孩儿。有个儿子是一种奇妙而美好的经历，你能够从儿子身上看到过去的自己，你似乎能够猜到他的一举一动，他的欢笑，他的泪水，你能够读懂他的心。小帕维尔是个特别的孩子，他聪明机灵，特别早慧。我在他这个年龄把几乎所有的兴趣都用在了足球上，而他现在最大的爱好是学习，开心地看书学习。

当职业球员时我没有多少时间照顾他，现在终于可以弥补了，老实说我很享受退役后在家照顾家人。我最喜欢的家务是给儿子喂饭：这也是伊瓦娜最发愁的事之一，因为小帕维尔总是会把喂他的食物弄得满屋子都是，当年我们罗马家里的厨房每天都变得像战场一样。现在我与儿子已经形成了良好的默契，我享受喂饭的过程。

总而言之，我们一家人都适应了罗马的生活，那里有我们最温暖的小窝儿。要让我们离开那里，除非有不可思议的诱惑。事实上，我改变主意、离开罗马的诱因，是"老头儿"（克拉尼奥蒂）的一个心腹，他用一种无礼的态度对待我，让我不得不离开。

事情是这样的。

从我刚去拉齐奥开始，每一个休赛期都会有一些球队表示对我感兴趣，但我热爱自己的球队，更尊重"老头儿"，因此从没有想过离开。我们之间只需要一个眼神，不需要任何语言，我就愿意为他赴汤蹈火。那是一个夏天（2001年），又到了我续约的时候，谈判过程像往常一样简单：我想留下，"老头儿"也不想卖我，我们会像童话里一样幸福地生活下去。

到了签约的那一天，"老头儿"并没有来，而是派来他的一个心腹。当时的场面十分不愉快：那个人把合同摔在了我面前，在他的言语之间我感觉自己像个偷了一大笔钱的小偷，而他们则是宽恕我的善人。

我最讨厌的一种态度就是傲慢。我自己永远谦和地对待所有人，我也善意地假设所有人都会这样对我。即使我知道自己有权利享受特权，却还是努力地工作，我想用辛勤的付出和汗水挣到自己应得的东西。

那个人的举止，那个人的言语，无一不透露出俱乐部对于我的真实态度，他们没有诚意留住我。虽然领悟到了一切，我还是在合同上签下了自己的名字，我必须这么做。接着我马上打电话给我的经纪人，请他尽最大所能，找到一家既能够满足我，也能够满足拉齐奥的新球队。我不想让拉齐奥吃亏，俱乐部应该从我身上得到一大笔转会费。

尤文图斯就这样走入我的生活之中，其实那之前他们的经理已经联系过我好几次。那个夏天他们用卖掉齐达内的钱，买来了布冯和图拉姆，我将成为马尔切洛·里皮拿到的第3张王牌，可以想象接下来的2001—2002赛季，意甲的竞争将有多么激烈。

都灵这座城市带给我们一家的第一印象，只能够用"复杂"这个词来形容：我自己非常喜欢这里的新环境，可伊瓦娜最开始怎么也适应不了，她甚至有点儿讨厌这里。相比罗马，都灵更冷，城市格局也是天差地别。更要命的是，把孩子们带离他们熟悉的环境，让伊瓦娜感到莫名的恐惧。

一开始，我们在都灵市中心找房子，但是很快我们就放弃了这个念头，如果说罗马市中心过于嘈杂的话，都灵市区则冷峻得近乎不近人情（虽然也很美）。最后我们决定把家安在城外，情况才慢慢好起来。我们看好了曼德里亚公园附近的一套房产，那里绿树成荫，恬静怡人，从房子的窗户里就能看见不远处的群山，住在这里心能得到最好的休息。我一直不能理解那些常年住宾馆或者公寓的人，对我来说那些地方太公开了，太没有家的味道，我想只有那些内心十分强大的人才住得习惯。我需要一个自己的窝儿，一个被大自然环绕的窝儿。一旦找到这么个地方，我就能够心无旁骛地投入工作。

关于我搬到那所房子的最初日子，还有一段美好的记忆，对一个独一无二的人的记忆。那是一个真正关心我的人，我很高兴通过这种方式认识他，没有繁文缛节，也没有任何隔阂。

翁贝托·阿涅利①先生那时也经常到曼德里亚公园散步，他很快便察觉到我们一家刚到都灵有些孤独，伊瓦娜那时候在本地没有朋友，对环境也很陌生。自那以后他就经常来看我们：第一次来我们家时，他没有按门铃，甚至没有和任何人打招呼，而是径直走向厨房。我们的家没有篱笆，因此他每次都从侧门进来，和我们聊上几句，谈笑风生，他在我们面前的言谈举止就像个老朋友，这么随

---

① 翁贝托·阿涅利，生于1934年3月15日，卒于2004年5月14日。是菲亚特·阿涅利家族的第3代传人，他比哥哥贾尼·阿涅利小13岁，但是即便有如此出众的哥哥，他的能力和威望也得到了全世界的认可。贾尼·阿涅利2003年去世之后，翁贝托在自己生命的最后一年力撑菲亚特的大局。他是尤文图斯和意大利足协最年轻的主席。他作为尤文图斯的俱乐部主席、名誉主席和最大股东期间，共为尤文图斯获得了35个冠军头衔。

便的目的是不想给我们带来任何麻烦。他第一次突然来访时，我正在训练基地和队友们一同训练。伊瓦娜是个直率的人，从来不掩饰自己的好奇心，因此她一看到厨房里那个陌生但又高雅、绅士的老人，就打电话给我说"一个奇怪的老头子'入侵'了我们家的厨房"。

"是阿涅利先生！"没有提前给她介绍我的新老板是我的失误。好在阿涅利先生并不在意，自那以后，来我家坐坐成了他的日常习惯之一。我为阿涅利先生感到遗憾，因为他每次都不得不喝伊瓦娜冲的糟糕饮料：她每次都用Espresso（意式超浓缩咖啡）的咖啡杯来冲速溶咖啡。

阿涅利先生是个杰出的人物，他很少说话，而且从不说客套话，他喜欢聆听别人，他帮我正确地认识事物。夫人阿莱格拉通常都陪伴着他，他们是一对品格高尚的夫妻。他们和儿子安德烈亚·阿涅利都是我人生中的贵人：刚刚加盟尤文图斯，除了生活上的困难，在球场上我也不顺利，有人说我在拉齐奥赢得了一切，来这里只能够吃老本儿。是在阿涅利先生一家的帮助下，我才熬过了那段困难时光。

也许是体能教练维特罗内过于严格（每天的运动量能够把人榨干），也许是不适应超级豪门对冠军的志在必得，也许是外界不停地拿我和齐达内对比所带来的压力，总之，那段时间我踢得糟糕极了。我感觉自己每场比赛都像肩上扛了一台电冰箱似的，我跑得慢，反应更慢，根本无法像过去一样随心所欲。有人开玩笑地问道："这真的是那个内德维德吗？还是尤文图斯不小心买到了内德维德的兄弟？"

　　在一个球员的职业生涯之中，一定有状态大好的时候，也一定会有状态低迷的时候，我相信任何行业都一样，你不可能一直维持自己的最高水平，就像你不可能跑步时全程都保持最高速度。状态波动的原因万千，有时候是心态，有时候是身体疲劳，有时候根本没有原因。通常情况下，状态低谷很快就会过去。

　　一个优秀的厨师，如果偶尔失手做坏一桌菜，只会损失一桌顾客，而如果你在7万名现场观众面前（还有更多人在电视机前）踢了一场糟糕的比赛，那就不是这么简单的问题了，你要花费巨大的心血才能挽回球迷的心，让他们相信你还像以前那样出色。

　　在那几个月里，主教练马尔切洛·里皮对于我的帮助也是巨大的。踢得糟糕对我来说很少见，我自己很讨厌这种例外。我的状态一直十分稳定，我相信我的职业素养以及对待训练的态度，能够让我走出任何黑暗时期，但事实不是这样，我很难只依靠自己。

　　在黑白拥趸的想象之中，这里我既指无数的尤文图斯球迷，又指所有在尤文图斯踢过球的人，我是齐达内的替代者，他们对于我的期望很高，不仅仅是干一些脏活累活，还要展现出领袖气质以及世界级球员的档次，确切地说是史上最佳球员之一的档次。

　　事实上，齐祖最初到尤文图斯的日子，和我的情况很相似，也遇到了很多困难。他没有很快地融入球队，甚至一度被外界评定为被高估了的球员。好在里皮及时点燃了他体内的"燃料"，后来的一切大家都知道了：由于自己的天赋以及法国国家队、俱乐部教练的多重帮助，齐达内成为足球界独一无二的球员。

在我身上最大的压力，是尤文图斯为了签下我拍出的支票。700亿里拉，大约相当于现在的3500万欧元，我清楚每一个铜板背后隐藏的血汗，我绝不能辜负他们在我身上所花的每一分钱。

到目前为止，我几乎介绍了我所有的伯乐，只剩下两个，下面就从马尔切洛·里皮开始吧。首先我想说，他拥有全世界一切伟人都有的耐心，是世界上最出色的教练之一，最重要的是，他无条件地相信我。

从我来俱乐部的第一天开始，他就对我重复，尤文图斯买我是为了组建一支常胜之军，而不是用我来顶上两三个月。时间会公正地评判我，我只需要保持冷静。

当我在球场上挣扎时，他绞尽脑汁地琢磨更适合我的位置，如何把我变成一样制胜武器，而不是一个问题。

里皮是个严师，也是个非常自信的人，我认为他这两种性格都是足球圈里最好的生存之道，是名帅必需的基因。他对待媒体的态度非常苛刻，这么做的目的是保护球员，避免外界干扰。

记者的批评通常分为两种，第一种纯粹是针对技战术的，这些批评通常就事论事，尊重当事人；第二种批评则是空穴来风，为了批评而批评，对当事人没有任何帮助。里皮最受不了的就是第二种，他从不掩饰对于这种批评的不屑。我欠他很多，我的金球奖也有里皮的一份儿，如果他没有为我设定新角色、新位置，我达不到后来的高度。

那是2001年圣诞节，我们在布雷西亚踢冬歇期前的最后一场比赛，里皮做了一件令所有人都意想不到的事。

他花了很长时间观察我的训练，对于我的职业生涯也了如指掌。他知道我一直踢左边前卫，喜欢用速度过人，远射出众，还有良好的视野。于是他想道："大家都批评他不是齐达内，那我干脆把他放到齐达内的位置上，看大家还批评他吗……"

对于里皮来说，那是一次风险巨大的赌博，对我来说那是一个最好的机会，我不能辜负教练的信任。里皮的内心独白，就像一把打开大门的钥匙：那次位置调整改变了我的职业生涯，也改变了尤文图斯的历史。

我们当时的中场采用菱形站位，塔奇纳蒂拖在最后打防守型中场，两翼分别是戴维斯和孔蒂，突前的是我。这是一个高水平的组合，更重要的是每个人都有牺牲精神，愿意为队友补防、补位。埃德加·戴维斯是个很有个性的球员，他的身体素质十分出色，有他在身后，你可以放心地踢球，因为他会拼抢每一个球，震撼每一个对手。

球队里当时有几个称职的领袖，他们奠定了整个更衣室的气氛，其他人也各司其职。这里我要特别提到蒙特罗，他简直是一个为足球而生的人，无论在欧洲冠军联赛还是友谊赛中，他都表现出一样的激情。锋线上的德尔·皮耶罗经常上演神来之笔，特雷泽盖则是最纯粹的箭头。

亚历克斯（德尔·皮耶罗）……还有什么溢美之词没有被用在亚历克斯身上？他不是尤文图斯历史的一部分，他是尤文图斯历史本身。他是我心中最强阵容中的一员，永远都是。

最让我震惊的，不是某个个体，而是整个团队本身。在什么方面？在任何方面！

那些年的尤文图斯就像一个家庭，一个公司，一个团队。

身为那个团队的一员，你很有安全感，因为俱乐部为你营造了最好的外部环境，你只需要安心踢球就好了，胜利水到渠成。对于成绩，我们没有任何压力，球队没有获得理想成绩时也不需要向任何人道歉，因为大家都已经尽了最大努力。如果你踢过足球，哪怕只是最草根的业余比赛，就能够理解我说的这种氛围：和谐，安宁，镇定，这些都是赢球的最基本因素。

那一年我们良好的氛围，也因为我们的对手国际米兰处于一种完全与我们相反的状况之中。在经过许多赛季的低迷之后，他们似乎找到了正确的道路，带队的是一个沉默寡言但人格魅力出众的教练埃克托·库珀，他知道如何用正确的方法来稳定全队的心态，让一个大牌云集的球队正常运转。在他到来之前的很长时间，国际米兰很难能够被称为一个球队。

维埃里维持着高效进球率，尤其是蓝黑防线表现稳定，即使在场面不好看的情况下，国际米兰也总能够取胜。

我们追赶的过程十分辛苦，复活节之前，我们一度落后6分，一切似乎尘埃落定。就在这时，国际米兰犯了一个最大的错误：他们觉得冠军稳拿了。

在这种情况下，里皮知道如何发挥自己的特长。在这场心理战中，重要的是打击对手的自信心，哪怕靠说大话：就算你大比分落后，也得装作胸有成竹的样子，说自己一定能够反超。这时候就有两种情况了：如果对手对你的心理战充耳不闻，那你就失败了；如果对手不但听了你的话，还开始畏首畏尾，那你的机会就来了。

我们与罗马队分列积分榜二、三位，对于意甲冠军虎视眈眈。国际米兰越担心，剧情就越向着不利于他们的方向发展：主场莫名其妙地输给亚特兰大后，他们的领先优势减半了（3分）。

倒数第3轮，尤文图斯将差距追到1分，我们的球迷又看到了夺冠的希望。

那是非常奇妙的一轮比赛，远比最后一轮奇妙，但如今所有人都只记得5月5日。

国际米兰在维罗纳迎战切沃，我们则客场踢皮亚琴察。尽管我和队友们拼尽全力，但炎热的天气影响了大家，比分始终维持在0：0，布冯甚至做出了几次关键扑救。另外一边，国际米兰完全掌控了比赛，虽然上半场意外丢掉1球，但下半场他们很快攻入2球。比赛时间所剩无几，国际米兰的领先优势将扩大到5分，他们似乎已经把半个奖杯装进了口袋……

但是就像我之前说过无数次的，比赛只要没有结束，球场上的一切都没有定论：谁也没有想到，切沃队竟然在补时阶段扳平了比分。

几乎在同一时间，我射进了自己在尤文图斯生涯最重要的进球之一，我帮助球队拿到了3分。虽然国际米兰仍然排在榜首，但1分的优势微不足道，更重要的是他们的信心开始动摇：巨大的领先优势化为乌有，球迷热切的期望压在肩头。自己的求胜心和外界的关心此时都变成了无形的压力。

我们却很平静，没有任何压力、焦躁，我们对于现实有着十分清醒的认识，对于胜利有着强烈的渴望。

自从来到尤文图斯的训练基地，我就和詹卢卡·赞布罗塔成了室友。他是个很棒的小伙子，一个真正的朋友，更重要的是我们性格相似。平时我们很少说话，如果让我回忆5年室友生活里说过的话，想起来的不外乎"你好""晚安""伙计你看多好笑，我受不了了"。

这并不意味着我们关系冷淡，只不过我们通过眼神就能够交流。在（与国际米兰争冠）那段时间里，我们的宿舍无比安定，我们两个都对获得冠军信心满满。

尤文图斯与国际米兰之间剑拔弩张，既有岁月中沉淀的历史恩怨，又有着新鲜的仇恨。

纠葛之一恰恰是马尔切洛·里皮，1年之前他在争议和混乱中离开了国际米兰帅位。

夺冠是最美好的，2002年5月5日，运气、我们的斗志、国际米兰的失常，这种种因素为我们带来了历史上最意外的冠军。

主场与布雷西亚的比赛，虽然国际米兰凭借罗纳尔多的两个进球艰难地逆转，但是明眼人一看就知道，他们大部分球员都不在状态。

国际米兰当时被一种奇怪的气氛笼罩着，俱乐部从上到下都觉得，那个联赛冠军是一项输不起的荣誉，就好像一个在牌桌上杀红了眼的赌徒，把全部身家都压在一把牌上。球迷们已经有点儿歇斯底里了，最后一轮比赛的对手拉齐奥，是国际米兰传统的盟友，所有人都认为这是个利好。

蓝黑球员们……好吧，你得问他们才能知道真实想法。作为同行，我只能以自己过去的经验猜测，他们当时丢掉了自信和宁静，这种情绪会像病毒一样在更衣室里传播。心理上的波动，哪怕一点儿波动，到了球场上都会被无限放大。

国际米兰最后一轮的阵容中缺少西多夫，他是足球史上获得荣誉最多的球员之一。不过他们的开局不算差，利用拉齐奥的失误两次取得领先。在另一块场地上，我们10分钟内就解决了乌迪内斯、亚历克斯（德尔·皮耶罗）和大卫（特雷泽盖）各进1球。完成了自己的任务，我们安心等待对手的结果。我的一个老友帮了大忙……

在前面的章节里，我已经介绍过卡雷尔·波博斯基，我说他是捷克足球史上最伟大的天才之一，我现在要再啰唆一遍：以他当时的球技，已经是全世界最好的球员之一。2000—2001赛季，他来到拉齐奥与我会合，我们得以在俱乐部合作了一年。

5月5日之后，有许多人非议卡雷尔①，这是不公平的。卡雷尔是个冠军球员，他捍卫了拉齐奥球衣以及自己的职业，而不是踢默契球。

上半场比赛结束前，卡雷尔抓住国际米兰防线的失误，将比分扳为2∶2，这个进球改写了整个联赛的历史，也将那场比赛变成全世界最奇怪的比赛。

老实说，卡雷尔甚至激怒了拉齐奥球迷：在本队攻入第一球

---

① 当时的说法是尤文图斯俱乐部经理莫吉私下联系卡雷尔·波博斯基。

时，场内嘘声四起。

下半场，国际米兰完全崩溃了，太大的精神压力，透支的体能，比赛完全变成了一出悲剧，事后当我看到那场比赛的画面，我都被震惊了。球员们的双脚仿佛灌了铅，每个人都在盲目地跑，把教练的布置抛到九霄云外。那就像一个噩梦，大家都在无助地祈祷梦醒时分。

我们把冠军捧回了家，罗马队也凭借着一场胜利反超到第二。

当天，我们在都灵举行了一个盛大的庆祝仪式。

3年的时间里我个人拿到两座意甲奖杯，我终于融入了尤文图斯，也向球迷们证明自己不是帕维尔·内德维德的兄弟。

我就是帕维尔·内德维德，如假包换!

没能参加那场比赛，是我人生之中最大的挫折。没能站在队友身旁，帮助他们，与他们共同奋斗，是至今仍然困扰我的一个梦魇。

第12章　那一场我错过的比赛

即使和我不熟悉的人也知道，我职业生涯最大的伤痛、遗憾是什么。我从没有捧起过欧洲冠军联赛的奖杯，甚至没有踢过决赛——那场我无数次梦见，却再也回不去的比赛。在这段回忆中，我的命运和尤文图斯的极其相似，我个人和球队赢得的荣誉，比我们应得的都少得多，造成这种结果的，是一些细节。

有那么几支球队，总是能够复制成功，甚至在欧洲赛场上。这些球队也经历人员更新换代，但球队的底蕴和胜利的精神总能够传递下来，每隔一些年他们就要站上冠军领奖台。

比如说曼彻斯特联队，他们成功的轨迹和我的职业生涯重合。曼联球员书写了足球的历史，他们的主帅亚历克斯·弗格森是教练席上屈指可数的大师。瑞安·吉格斯、保罗·斯科尔斯、加里·内维尔，以及那些像大卫·贝克汉姆、克里斯蒂亚诺·罗纳尔多这样来了又走的巨星，保证了球队的竞争力、风格以及纪律性。他们在1999年和2008年两次夺得欧冠冠军荣誉，在间隔9年的两次欧洲冠军阵容中，有着许多一样的面孔，这意味着那些球员完成了一次超凡脱俗的壮举。

你们也可以看看AC米兰：从1989年到现在，他们拿了5座欧冠冠军杯，在数量和质量上，这都是一个了不起的成绩。欧洲冠军联赛可能是世界足坛竞争最为激烈的赛事，它比拼的已经不仅仅是技战术，还包括身体素质、注意力以及另一些细节。这种观点我听过无数次，只有在2003年我才切身体会到，因为一个小细节葬送了我职业生涯的最高荣誉，也葬送了尤文图斯应得的一项重要冠军。在那之前，尤文图斯已经（在欧冠决赛中）接连输给多特蒙德和皇家马德里。

那是一个完美的赛季，我们一直在意甲联赛积分榜上遥遥领先（最终以7分优势夺冠），而不是像前一年那样充满着不确定性。

对手永远是那几个：国际米兰、AC米兰，拉齐奥则顶替状态低迷的罗马，加入争冠集团。联赛几乎变成了我们的练兵场，为了冲击更高荣誉。全队状态出色，我个人也完全适应了新环境，大家朝着一个共同的梦想迈进：进军曼彻斯特。

那一年欧冠决赛的举办地，是我非常喜欢的老特拉福德球场，1996年欧洲杯半决赛，捷克队正是在那里淘汰了法国队。

小组赛我们抽到了好签，同组的有纽卡斯尔、基辅迪纳摩以及费耶诺德。这些球队都算得上各自国家的劲旅，但是相对于我们还构不成威胁。小组中我们最不熟悉的是基辅迪纳摩队，但恰恰在他们身上我们取得了一场5：0的胜利，为小组赛出线打下了基础。小组赛6轮战罢，我们拿到13分，毫无争议地以小组第一出线，在第二阶段小组赛前抢得先机。由于当时欧冠的赛制，第二阶段小组赛中间夹着各个联赛的冬歇期，对于球员们的体能是个大问题。

在欧洲赛场，强强对话的概率十分高，这样高水平比赛的胜负，常常决定于比赛双方的体能储备以及伤病情况。要避免体能危机和伤病潮，球队的连续性十分重要：赛季周期绝不能让自己松弛下来，要连续踢比赛。我偏爱意甲的一大原因，是冬歇期长短正好，球员们不会歇坏了。有许多球员不知道冬歇期里可能发生的灾难：球员的注意力可能很难再集中，机体的最佳节奏也可能丢失。因此，球员即使在休假时也要给自己充充电。我就从不给自己放大假，即使在圣诞节期间我也要训练，所以每次假期结束回球队报到，我的状态都要好于放假之前。人人都称赞我的习惯，唯有可怜的伊瓦娜要抱怨：其他太太假期里可以悠闲地和丈夫躺在沙发上，慢慢地消化一顿丰盛的晚餐，而她却要配合一个训练狂丈夫。

那时候的欧冠联赛，没有1/8决赛，而是举行两个阶段的小组赛，进入16强的球队被分成4个小组，每个小组取前两名进入8强决战。尤文图斯与曼联、拉科鲁尼亚及巴塞尔被分入一组，与第一阶段小组赛相比，情况更加复杂。6轮比赛战罢曼联小组首先出线，而我们与拉科鲁尼亚、巴塞尔同分（7分），最后依靠相互之间的胜负关系幸运地获得小组第二。尤文图斯一度到了被淘汰的边缘，将大伙从悬崖边拉回的是伊戈尔·图多尔：在倒数第二轮主场与拉科鲁尼亚的比赛中，伊戈尔在补时第3分钟用一记精彩的左脚远射，3∶2绝杀拉科鲁尼亚，才让我们能够以轻松的心情参加最后一轮与巴塞尔的比赛（提前出线）。那个在绝望时刻恰到好处的进球，欣喜若狂的主场观众，一切的一切都让我们相信，冠军不再那么遥不可及。

在1/4决赛中，我们的对手是巴塞罗那。当抽签结果出来时，我们本能的反应是"真倒霉"（这仅仅是礼貌的表述）。

欧冠到了这个阶段，可以说每一次交锋都像是一场决赛，只不过除了真正决赛外都是两场定胜负罢了。球员正确的心态是，不去管对手是谁，1/4决赛出局和决赛点球失利，本质上是一样的。结果决定于细节，每一个细节。

与巴萨的两回合，是一场艰苦卓绝的"战斗"。首轮在我们的主场1∶1战平，次回合常规时间又是1∶1，比赛被拖入加时赛。

在诺坎普球场，我下半时第8分钟的进球为尤文图斯取得领先，但不久之后哈维就扳平了比分。哈维那时还很年轻，可是已经是一位具有领袖气质的伟大球员。终场前，埃德加（戴维斯）累计两张红牌被罚下，尤文图斯的形势急转直下，我和队友们内心深处都盼着点球大战早点儿到来。但那一年的尤文图斯总有人在关键时刻站出来：替补上场的萨拉耶塔在加时赛下半场攻入了一个精彩绝伦的凌空射门，这个常常被人耻笑速度缓慢的队友，却在电光火石间终结了比赛。

我们已经迎战过曼联、巴萨，当时欧陆的顶尖豪门中只剩下"银河战舰"皇马（意大利豪门不算）。尤文图斯球迷们终于能够看到我与齐达内的直接对决。

那些完全不懂足球的人，在分组抽签后就给尤文图斯判了死刑；那些稍微懂点儿足球的人，把这两场比赛称为贵族阶级与工人阶级之间的较量。没错，我们确实是工人阶级的球队，我的意思是我们选择了工人阶级那种脚踏实地的精神：每名尤文图斯球员到了场上，都会不吝体力地奔跑；我们出色的身体素质，也决定了我们压迫性的球风。不过，别忘了我们也有德尔·皮耶罗、特雷泽盖、图拉姆、布冯……

他们都是真正的冠军，有几个称得上自己位置上的世界最佳，小看我们是愚蠢的。无论怎样，我们自己都不会在乎外界的看法。

皇马的球员可没对比赛有任何轻视，他们做好了充分准备，注意力高度集中。伯纳乌的首回合，皇马2∶1取胜，不过一个宝贵的客场进球保留了我们进军决赛的希望。

5月14日，第2回合比赛在都灵举行。

你们都记得这个日子吗？每个人一生中注定有些日子是特殊的：2000年5月14日，我和拉齐奥一起获得了意甲联赛冠军，3年后的这一天，我在尤文图斯错过了最重要的一次机会。

我们踢了一场史诗般的比赛，给卫冕冠军、全世界最受爱戴的一群球员上了一课。当值主裁判是迈尔，很不幸，这个瑞士人让我铭记一生。皇马全队好像没有睡醒，路易斯·菲戈和齐达内明显不在状态，而我们与对手恰恰相反，上半场我们就已经以2∶0领先，进球的还是特雷泽盖和皮耶罗。我们都知道，下半场他们将发起最猛烈的反扑，大家唯有众志成城。

他们的第一个变招是换上罗纳尔多，效果立竿见影：第67分钟，巴西前锋禁区内造成蒙特罗犯规。这个点球很可能改变比赛走势，皇马选择的点球手是菲戈。

这本书里我很少提到吉吉·布冯，这是有原因的，现在是解释的时候了。

吉吉是一位完美的门将，也是个很棒的小伙子。都说好门将是一群疯子，也许真是这样，至少布冯是我喜欢的那种"疯子"。吉吉是个完人，他很勇敢，他的身体素质优秀得异乎寻常，他的反应速度堪比超级英雄。

他一直让我印象深刻的，是扑救高难度射门的能力，无论是冷射还是折射，凡是需要在一瞬间做出反应的扑救，他都做得很好。这些技术层面的特点也许有人能够模仿，但是吉吉的某一种气质却是外人学不来的——他习惯于把内心的激情完全表现出来，纯粹得像一个16岁少年，而这恰恰是他在意甲处子秀的年纪。

我的意思是，吉吉虽然已披金戴银，心灵却纯真得像个孩子。

我认识许多能力出众的门将，如马切吉亚尼，他是一位真正的绅士。不过，我印象中状态永远稳定的门将只有两个。第一个当然是布冯，第二个则是我的同胞彼得·切赫，他们两个也是举世公认的最佳门将。

彼得来自比尔森胜利的青训营（你们应该记得我也来自那里），那时恩师扎劳德克就对我说，此子必成大器。

请大家原谅我的啰唆，在回忆最糟糕的记忆前，我想尽量多拖一些时间。

切赫是我的祖国拥有优秀门将传统的最后传人：捷克曾经拥有全世界数一数二的门将培养体系，1996年欧洲杯为我们镇守国门的库巴就是我国培养出的令人骄傲的门将。在我初到尤文图斯的日子里，翁贝托·阿涅利先生常常与我聊起足球史上的一些巨星，弗朗齐歇克·普拉尼卡是他经常挂在嘴边的门将。这名20世纪30年代的捷克国门（随队获得1934年世界杯亚军），整个职业生涯都在布拉格斯拉夫人队效力。在一次20世纪最伟大的门将评选中，普拉尼卡名列前10，他的经历激励一代又一代捷克球员的成长。

好了，咱们还是回到那场比赛吧。

布冯扑出了菲戈的点球，在那之后不久我们进一步扩大了优势。进球的就是我，那是对于我整场努力的最好回报。

3∶0领先，比赛只剩下20分钟，一切似乎尘埃落定。然而，一个细节让我乐极生悲，也许那个细节也毁掉了尤文图斯。

赛后我从报纸上看到，我的那个行为被称作暴力犯罪、疯子行径，还有无谓的犯规。

对于外人来说，扣帽子是容易的。但是当你站在球场上，参加那样一场比赛，迎战那样一群对手，不存在有用或者没用的行为，只有不停歇的奔跑，以及不断加快的节奏。那不是"暴力犯罪"，而是浮躁和一瞬间的不理智。我是这样一名球员：只要在球场上，我就拼尽自己的全力。如果我更圆滑一些，跑动少一些，肯定没办法达到今天的程度，也没办法得到球迷的喜爱。

全场观众都知道，我身上已经背着几张黄牌，需要避免被裁判盯上。可是在俱乐部历史上最美妙、最光荣的时刻之一，我却给所有人浇了一盆冷水，我的心裂成了两半。

我绝望、自责，泪如泉涌，我一时不知所措，差点儿连累了全队，成全皇马。

你们知道最后时刻为皇马扳回一球的人是谁吗？我甚至不需要说，大家翻到前面几章，找出那个与我命运平行的人。

就在我遭遇职业生涯最大悲剧的时刻，齐达内为皇马扳回一球，在他熟悉的这个球场，当着他熟悉球迷的面。

裁判给出的补时长达5分钟，安东尼奥·孔蒂不得不用嘱咐孩子的口吻让我冷静下来，因为我的迷茫很可能拖累球队，葬送了这场我们从一开始就牢牢攥在手里的胜利。安东尼奥是对的，那时我几乎已经灵魂出窍了，是他的提醒把我拉回比赛。

比赛最终以3∶1结束，尤文图斯进军欧冠决赛，但是最终在点球大战中痛失冠军。我一直说，欧洲冠军联赛是我从儿时就开始的梦想，我发誓这是真的。

（因为累积黄牌停赛）没能参加那场比赛，是我人生之中最大的挫折。没能站在队友身旁，帮助他们，与他们共同奋斗，是至今仍然困扰我的一个梦魇。

金球奖既属于我，又属于我的家庭。我所有的牺牲，那无数个独自训练的下午，都得到了认可。如果没有日积月累的提高，如果没有那些短期内见不到回报的付出，我达不到这一高度。我还想把这尊金球奖杯献给斯卡尔纳的小伙伴们，他们和我一起鼓起勇气，说出有朝一日穿上捷克队队服，成为世界最强球员的梦想。

第13章　金球奖和世界最强的球队

　　这一章的标题并不是心血来潮，我想消除大家对卡佩罗统帅下那支连续赢得第28座和第29座两尊意甲冠军奖杯的尤文图斯的怀疑。

　　但在那之前，我要先岔开一下话题。

　　曼彻斯特那场决赛带来了巨大的失望：我们输给了一支意大利球队——那一时期我们最主要的对手AC米兰。我和队友们花了很长时间才走出阴霾。

　　接下来的一年更加令人失望，赛季一开始大家仿佛就已经耗尽了能量。欧冠当中，我们1/8决赛就被拉科鲁尼亚淘汰（他们接着又用一种不可思议的方式淘汰了AC米兰）；联赛我们最终名列第三，被实至名归的冠军红黑军团甩下13分。

我从来都不是个虚伪的人，请尤文图斯球迷不要生气：对我个人来说，那却是难忘的一个赛季，因为我击败了蒂耶里·亨利与保罗·马尔蒂尼，拿到了欧洲金球奖。

在开奖的前几天，我说："我的球风一点儿也不华丽，我也没有拿到一项有分量的冠军，我没法与像劳尔、菲戈、齐达内这样的超级巨星竞争。"这绝不是恭维，而是我的真实想法。

之前的赛季之中，我的确没能拿到一项重要冠军，但是全欧洲的记者们决定表彰我的血性、我的求胜欲望、我全面的球风，以及我集体至上的信念——团队精神让我们几乎成为一支不败之师。

我是马索普斯特（1962年）之后第二位获此殊荣的捷克人，我发誓我愿意用这尊金球奖杯换一座欧冠奖杯。我也只愿意换欧冠奖杯，因为金球奖是一项独一无二的荣耀，它让你成为全世界的焦点，进入一个群星璀璨的名人堂。这个奖项很少颁给像我这种风格的球员，获奖的通常是在大赛上表现优异的超级前锋，或者是球场上充满想象力的艺术家。

我是球场上的斗士，通常我这种人都藏在捧杯的那些人身后，很少有我的同人能够在一个几乎完美的赛季中脱颖而出，就像我的2003年。在12个月里，我一共打进了14粒进球（联赛9个，欧冠5个），我率领尤文图斯杀入了欧冠联赛决赛，也带领捷克国家队入围欧洲杯决赛圈。

总之，我也算是一个被馅饼砸中的有准备的人。即使我没有拿到那尊金球奖杯，也丝毫不会沮丧。

我记得我的经纪人米诺·拉伊奥拉陪我一起去巴黎领奖。

最近一段时间，米诺被推上风口浪尖，记者们把他描述为一个唯利是图的小人，一个左右逢源的大鳄，好像他满脑子只想着转会和加薪。

我认识的米诺，却有着另一副面孔，因为我真正了解他。他是一个杰出的经纪人，因为他总能够给你恰到好处的支持。他不喜欢受制于人，也不需要任何建议，他会自己设想所有可能性，并且把解决方案拿到你面前。做决定的人，永远是他的球员。在我家里，做决定的不仅仅是我自己，还有伊瓦娜，对我来说他们两个就像一对喜剧二人组。伊瓦娜最讨厌打官腔，米诺和她一模一样，这种相似的个性有时候使他们之间的关系变成了猫和老鼠，尽管他们始终保持着相互尊重。伊瓦娜对朋友很热情，但她也很需要自己的私人空间，她尤其把我们的家看作一片不容侵犯的领地，因此她很少邀请不信任的人来家里做客。米诺正好相反：他也很热情，而且他到任何地方都呼朋唤友。有一次，米诺带着十几个伊瓦娜不认识的人来我们家做客，这让伊瓦娜很不高兴，她冷淡地招呼了这群人，弄得米诺很没面子……他们两个本质上是完全不同的人，他们闹矛盾时总喜欢让我站队。我的办法是，从来不出声也不站队，除此之外我也别无他法。

无论如何，我对外界妖魔化米诺的行为感到十分伤心。

经纪人总会尽其所能地支持球员，至少做他认为对球员有益的工作。我很高兴他陪我去领奖，我加盟尤文图斯也有他的功劳：他代表我谈判，结果十分圆满。

当我再次拿起颁奖现场的照片，我看到了一个满脸幸福的小伙子，尽管那时候我已经31岁，而现在仅仅过了几年。

退役之后，时间仿佛加速了，几年时光匆匆而过，我感觉自己终于长大成人了，不再是那个球场上永远年轻的孩子。

金球奖既属于我，又属于我的家庭。我所有的牺牲，那无数个独自训练的下午，都得到了认可。如果没有日积月累的提高，如果没有那些短期内见不到回报的付出，我达不到这一高度。我还想把这尊金球奖杯献给斯卡尔纳的小伙伴们，他们和我一起鼓起勇气，说出有朝一日穿上捷克队队服，成为世界最强球员的梦想。我做到了，我为他们实现了梦想！

那个赛季（2003—2004赛季）结束之后，主教练马尔切洛·里皮告别球队。里皮自己和我们的队员都知道，他在尤文图斯的历史结束了。

他是以胜利者的身份离开的，他留下的是一支令人尊敬的球队，一群勇敢无畏的队员。

接替里皮的是法比奥·卡佩罗，与他一起来的有一群最顶尖的球员：埃莫森、伊布拉希莫维奇、卡纳瓦罗，还有一群天赋异禀的年轻人。随后，卡莫拉内西也加入我们。[1]

卡佩罗有着一种独一无二的气质：他要求球员毫无保留，为此他自己身先士卒；他为球队付出的心血，超过大家的想象。他不是一个慈父般的教练，过于心慈手软是一种愚蠢：足球界是有一些

---

[1] 此处内德维德回忆有误，卡莫拉内西早在2002年就加入了尤文图斯。

乖孩子，但大多数情况下，球员们需要有人明确地给他们指出方向，需要有人提醒，他们已经不是背着大人吃糖的小孩儿，而是要承担责任的成年人。

有人将说一不二的教练称为"铁血军士"，我认为这根本不能形容法比奥·卡佩罗，因为他是"铁血将军"！他最开始是一位出色的球员，退役之后又成了常胜的主教练，他以足球为生，以足球为乐。他就像是一位舵手，率领舰队驶向胜利的方向。一入行他就轻松接班萨基，还曾经率AC米兰击败克鲁伊夫的巴塞罗那。更能够体现他执教能力的是在罗马的那个意甲联赛冠军，因为他以一己之力（甚至在穆里尼奥的国际米兰之前）消解了一整支球队的紧张和压力，立下不世之功。在他之前，这一切看起来都是不可能的。

他的执教风格简单又直接，就是服从服从再服从，信任信任再信任。他的战术建立在将帅双方绝对的信任之上，如果有球员在场上有所保留，情况就糟糕了（大家都记得2010年世界杯，英格兰队球员都不服从卡佩罗，于是他们奉献了一次噩梦般的表演……门将扑救脱手，后卫跟丢前锋，这些难道都是主教练的错吗）。

当时的那支尤文图斯已经无须证明自己，新教练也不需要给我们做什么心理辅导：我们知道自己很强，更衣室里有一群经验丰富、拿奖杯拿到手软的老将，奇罗·费拉拉、亚历克斯·德尔·皮耶罗、蒙特罗，也有一些实力毋庸置疑的新人。

我在说谁？兹拉坦·伊布拉希莫维奇，一个真正的现象。

你们都不知道，私底下的伊布，与公众场合以及大家印象里的伊布，有多么不同。他不是一个自大狂，并不粗鲁，在别人不主动招惹他的情况下也不爱吵架。在尤文图斯的两年，他过得很好，乐观开朗，经常开玩笑。不过，他不接受别人侵犯他的领地，也不希望有人侵犯自己的隐私，因此很多时候他故意做出一副很强势的样子。

事实上我也是这样，有人以为我倔强、冷淡又不友好，我从不辩解。我只是有点儿内向，不爱说话罢了，我没兴趣纠正每一个误解。大家想想，如果我在每一次采访中，对每一个记者都重复同样的话，不但记者没兴趣写，就连我自己也会敷衍了事，所以我干脆不说。

兹拉坦是一个单纯的小伙子，一个不寻常的球员。他那异乎常人的身体素质值得科学家们仔细研究：他的灵活性不亚于任何一名矮个儿球员，而他的力量又符合高大身材队员的特征。另外他的技术炉火纯青，让对手防不胜防。兹拉坦知道如何教训后卫，并不是说犯规那种教训，而是让后卫尊重他。如果谁胆敢与他身体接触，就要做好吃亏的准备，吃大亏。

卡佩罗与伊布很快建立了绝对的互信：伊布来尤文图斯之前，一直有进球率不稳定的问题，一方面，他很善于创造机会；另一方面，他又常常挥霍机会，有点儿像早期的博克西奇。

优秀的教练总是能够帮助优秀的球员更进一步提高。

里皮把我拉到中路，从而提升了我的战术价值，卡佩罗则巧妙地安排尤文图斯前锋们的轮换，用竞争刺激兹拉坦变得更高效。第一个赛季，他就攻入了16粒进球，成为队内最佳射手。第二年他的联赛进球数下降到7个，却有3个欧冠进球。每当有人质疑他攻城拔寨的能力，伊布都回以一个微笑，一个胜过千言万语的微笑（微笑里也许还隐藏了几句粗口）……

我们的足球十分看重身体对抗，卡佩罗战术哲学的第一条就是攻守平衡，中场队员必须给予后防线最大保护，同时脚下技术也不能差。

埃莫森代表了卡佩罗最喜欢的一类中场，这也是卡佩罗费了九牛二虎之力也要把他从罗马一起带过来的原因。

"美洲豹"（埃莫森）是多么伟大的球员啊！我常常拿他的年龄开玩笑：他虽然比我小4岁，却已经秃顶，而且有一张饱经沧桑的脸庞，这副"尊容"虽然有时候让他苦恼，却也增加了他踢球时的霸气。

事实上，埃莫森是球队的基石：正是得益于他完美的中场覆盖，我们才得以踢出完美的两个赛季。埃莫森最完美无瑕的搭档是帕特里克·维埃拉：他为了夺取欧冠冠军从英超阿森纳加盟，但那个赛季我们恰恰在欧冠之中输给了他的老东家，那群令人胆寒的"枪手"（前一年我们踢出了完美的小组赛，1/8决赛还战胜了皇马，可惜1/4决赛被利物浦淘汰）。我对于卡佩罗两个赛季的记忆，似乎只有这一个，因为随之而来的是巨大的苦涩以及我们的公正被剥夺的痛苦。

我只问你们一件事：还记得2005年10月的意大利国家德比吗？还记得我们2：0的胜利吗？那场比赛国际米兰一整场都被压在自己的半场，疲于奔命，从战术到技术都完败。好了，你们再看一遍那个赛季的积分榜，想想"电话门"之后发生了什么……

我不想扯到司法程序，不想对被监听的电话以及可疑的比赛做出评论，你们知道也好，好奇也好，我都不想再提。我是一名球员，一名只在球场上"说话"的人，即使你们说我理想主义也罢。我上场比赛只有一个目的，那就是赢球，踢一场好球，然后赢得胜利。我从没有消极比赛过，更没有操纵过比赛，我不擅长暗箱操作。我只喜欢踢球，无论输赢，我都要拼搏到最后一刻。

在卡佩罗带队的两年里，尤文图斯是世界上最强的球队之一，也许"之一"可以去掉。我们没有拿到欧冠冠军，但就像我一直说的，细节决定成败。有一些球队的细节做得比我们好，但至少我们在意大利的统治地位无人能够撼动。

我们是一个团结的集体，每名队友都和谐相处，举止得当。通过一次次球队聚餐，一个个非足球活动，我们建立了深厚的友谊。我们赢得了两个意甲冠军，甚至连最小的希望也没有给竞争对手，我不想知道为什么第一个联赛冠军被收回而且至今悬而未决，第二个冠军则被判给了积分榜上排名第三的球队。

通向冠军路上的每一场比赛我都参加了，我失望过，也开心过，我为胜利流过汗，也进过球，正因为如此我不愿接受草率的判决。我尊重法庭，但法庭的每一个判决都需要经过慎重考虑，进行细致认真的调查。如果不走这些程序，那么对于我这样一个为足球而生的人来说，判决的目的就是无理地摧毁全世界最强的球队，那支我身在其中的最美的球队。

走出重建第一步的人，如今把重担交给了后继者。尽管道路依然漫长，但我相信，有我们这帮老将打下的基础，球队一定有重回巅峰的一天。

第14章　从头再来

就在我们忘情庆祝2006年的意甲联赛冠军时，没有人知道一个巨大而又诡异的危机正在靠近。尽管我们的联赛冠军实至名归，但我从报纸上知道，一场改变意大利足球格局的暴风骤雨即将来临。

电话窃听，内定抽签，黑哨……这一切与我所理解的足球相去甚远。就像我前面说过的，我喜欢讨论纯足球话题，那些发生在球场上的事情。如果有人犯了错，我希望大家考虑所有参与到错误中去的人，而不是选择性地惩罚，只惩罚尤文图斯。

判罚很快就出来了，我们的一个联赛冠军头衔被强制收回，第二个冠军被改判给国际米兰，此外我们还被强迫降入意大利乙级联赛。

雪上加霜的是，经过一个噩梦般的夏天之后，2006—2007赛季我们在意乙还要被扣掉9分（原判是扣17分）。判决书里的细节，让人不寒而栗。

世界上最强的球队被剥夺两座奖杯，勒令降入乙级联赛，还被追加扣分。这是一个永远无法弥补的创伤。

并不是所有人都以同样的方式应对这次打击。对最年轻和最年长的球员来说，尤文图斯走到哪里他们就跟到哪里，或者为了积累经验，或者是想穿着心爱的球衣退役。

但有一群冠军球员，他们中的一些人刚刚站在世界杯的最高领奖台上（"电话门"的刺激让意大利国家队的尤文图斯球员们打出了一届梦幻般的世界杯，我的捷克队成了他们夺冠的垫脚石），他们真的没办法面对如此沉重、艰难的未来。

有些人动摇了，他们决定逃离低级别联赛。图拉姆、赞布罗塔、卡纳瓦罗、维埃拉、伊布拉希莫维奇……我绝对不是非议他们的选择，我们是（或者说曾经是，我总是忘记这个事实）职业球员，我们都在不同环境下本能地保护自己，不是每个人对一支球队、一座城市都有着相同的归属感。

即便是那些留下的人，也都或多或少地犹豫过，因为我们每个人都有市场，每天都有人联系我们。足球是残酷的，尤文图斯的困境给了其他欧洲豪门一个扩充自己实力的机会。布冯、我、亚历克斯、卡莫拉内西、特雷泽盖，我们每个人都接到过无数电话，面对着巨大的诱惑。同时，球队管理层也全部换人，卡佩罗离开帅位。留下来，是因为对这件黑白剑条衫、对这群可爱球迷最大的爱。那个夏天对于我们每个人来说都那么漫长，有着说不完的故事。大家都在猜，谁说的是实话，谁又在欲盖弥彰……

大家似乎在下一盘国际象棋，赌注是球员们和尤文图斯的未来。我知道有人嘴上说着留下，暗地里却一直在和别的球队进行着谈判。

有不少英超球队来找我，也有意甲俱乐部的经理尝试过。我认真地与伊瓦娜讨论，在那个关口，我想做出最正确、稳妥的选择。

如果你踢过最高水平的足球赛，就知道，你的职业生涯会经过许多十字路口，拒绝还是选择，机会都在一念之间；你还会知道，有些机会一旦错过就不再有。一个球员的职业生涯长短取决于运气，但可以确定的是，黄金年龄只有8年到10年，为了这么几年时间，你从很小就要开始准备，牺牲了很多东西。

对我来说，我不理会全世界的评价，只考虑自己是正确的，因此，我绝不会批评那些离开的人。但我想告诉大家，还有另一种价值观，叫作知恩图报。

外人能够看到的，是我随尤文图斯拿到了冠军，而且在这里捧起金球奖，外人看不到的是俱乐部和球迷们对我无微不至的关心和支持，正是因为这些，我决定用行动回报。我和伊瓦娜都认为，我有一种责任：把凌乱的物品放回它们原来的位置，在退役以前我要把尤文图斯带回它应有的高度。回归意甲，为了冠军而拼搏。

就这样，我拒绝了所有邀请，和我之前提到的伙计们一同安心留在都灵。

我总说各人有各人的烦恼，但大家想想那群刚刚拿到世界冠军就和俱乐部去踢乙级联赛的球员：在前往贝尔加莫迎战阿尔比诺莱费（意乙球队）的路上，我们远远地从圣西罗球场经过，没有一个人皱一下眉头（我没有歧视小球会的意思，那个赛季阿尔比诺莱费两次逼平我们）。我相信足球界应该没有多少这样的球队。

不能说我们斗志昂扬，但在意乙的一整个赛季我们保持着严肃、职业、认真的态度。

主教练德尚帮助大伙儿保持了焕然一新的精神状态。每个人都准备好战斗和奔跑，不管你们信不信，意乙充满了挑战：比赛的技术水平确实不高，但比赛压力和火药味儿却爆棚，每一个对手都在等待着和我们比赛，每一支球队为了升级资格都无所不用其极。这里既有活力十足的希望之星，又有经验丰富的老狐狸，他们最擅长使用一些肮脏的小动作。

在这里，心理状态甚至比竞技状态更为重要。由于赛季尚未开始便被扣除9分，尽管开局一路连胜，我们还是排在积分榜下游，在这种情况下要保持冷静有点儿困难。

我那个赛季表现不俗，尽管一度因为顶撞裁判法里纳而被长时间禁赛（事件的导火线是我对热那亚球员贝加的一次犯规，我不但被罚出场还受到追加处罚）。我错了，但这样的事情难以避免，那次的冲动是由于压力引起的，是应该被理解和原谅的。

最终我们以85分夺得意乙冠军（如果加上被扣除的9分，总分应该是94分），与那不勒斯、热那亚一起升入意甲。我不能说我们找回了公正，但至少尤文图斯回家了，回到了我们应该待的位置。

接下来的两个赛季，是不可避免的重建阶段，我们的表现超出了最乐观的预计（联赛亚军和季军），再接下来的那个赛季，我们却毫无征兆地陷入低迷。

重建一支冠军球队，是一项复杂而又漫长的工作，需要人才、理念，还有体制。

走出重建第一步的人，如今把重担交给了后继者。尽管道路依然漫长，但我相信，有我们这帮老将打下的基础，球队一定有重回巅峰的一天。

现在我想回到5月31日，那个我告别足球，开始另一段旅程的日子。

事实上，我考虑过再踢一个赛季，其间有一位分量和魅力都十足的人找过我，并保证我能够拿到那座梦寐以求的奖杯。

我说的是何塞·穆里尼奥：当他听说尤文图斯不准备和我续约，便马上打电话给我。他说他们会有一个伟大的赛季，如果我加入国际米兰，如果我信任他，就能拿到欧洲冠军联赛的冠军奖杯。

我对他的垂青受宠若惊，因为和穆里尼奥这样的顶级教练共事是件愉快的事情，你们想想他带过哪些球员吧。但我有一个最好的理由拒绝他们给的高薪以及一个完美的赛季，那就是尊重。

我太爱尤文图斯和斑马球迷了，不可能为他们的死敌效力。而且，在我们悲剧性的判决背后，国际米兰是最大的受益者。我不是以尤文图斯球迷的身份这样想的，而是以职业球员的角度考虑。

有一些决定是折磨人的，有一些则是顺理成章的，拒绝国际米兰便是后者。那个赛季他们真的拿到了欧冠冠军（这一点加深了我对穆里尼奥的尊敬，他是个思维清晰的人），我则保存了尊严以及对尤文图斯的爱。

对于帕维尔·内德维德来说，足球永远没有告别，至少没有真正的告别。

第15章　我喜欢未来

我不是一个喜欢怀旧的人，写这本书的目的纯粹是因为有趣儿，非常有趣儿。我首先希望告诉大家我内心的想法，让大家知道我是谁，怎样生活，书后的附录里还有我职业生涯的主要数据。当然，我没办法一次说完所有的观点，只能希望以后还有机会和大家交流。

我觉得，我能够传递的首先是我的经验，是某些时刻我经历过的激情。我已经记不清楚1996年欧洲杯上，我攻破意大利队球门的那记射门，但我还记得波博斯基传中瞬间那种美妙的感觉，那是他最喜欢的突破方式，我还记得进球后的怒吼，记得队友们看我的眼神，他们对我的信任正在加强。

那些时刻的激情将伴随我的一生，我也想与更多人分享。

足球由许多元素组成，既有足球场上的纯竞技因素，又有竞技之外的情绪因素，有的时候你的情绪像春日的暖风，有时候则正相反。从某种意义上来说，即使拥有巨大的名声和财富，球员永远像一个20多岁的小伙子。

我已经谈了许多我的家庭，这不是心血来潮。对我来说，家庭是一切的中心，是一个平衡点。回家的感觉，知道家里有人等着你、依靠你，是一件幸福的事。很长一段时间，我没办法去陪伴家人，如今我终于可以一刻不离地陪在他们身边。

我非常清楚伊瓦娜和孩子们为我所牺牲的一切，他们最大的愿望是我能够像其他丈夫和父亲一样关心、照顾家。

一年到头旅行，过着"空中飞人"的生活非常光鲜亮丽，但我却远离了生活中最重要的东西——家。现在我尝试每一次都和家人一起旅行，尽可能多地与他们分享时间。有时候我真想远离意大利：拥有球迷的爱戴是一件美妙而又温馨的事情，但有时候又深深困扰着我、伊瓦娜和孩子们。

私人的空间和时间对于家庭来说十分重要，因此生活在一个不为声名所累的地方对我们来说十分重要。现在，我们全家在美国度过的时间非常多，在那里，即使街上有行人认识我，也仅仅是对我微笑，最多问一句"你是不是那个踢足球的"，这是一种友善的好奇心，是教养的体现。我不想每走三步就得停下，不喜欢球迷让伊瓦娜给我们合影，好像她是个摄影师一样，我喜欢过一种普通人的生活。

现在我还是经常运动。我还像退役前一样正常训练，因为如果中断一天我就浑身不自在，我想我会坚持到身体练不动为止。我最近还学会了打高尔夫，这是一项有趣儿的运动，要打好高尔夫，你必须保持高度准确性，还得有预见性，不能走神儿。踢球的经历让我有了先天优势，因为我有着与众不同的协调性与柔韧性，无论在什么情况下我都能够保持冷静，从容思考。与足球不同的是，高尔夫球手大多数情况下都是在与自己较量，打球不需要赶时间，一切都可以慢慢来。

时间对我来说曾经是一件奢侈品，现在我却能够随心所欲地安排，我感觉拥有了一笔无尽的财富……

我喜欢和托马斯、安德烈亚以及其他一些朋友一起踢球，我总说踢球只为图个乐儿，但转过身我又发现自己还是接受不了输球。我从来不喜欢友谊赛的概念，因此我把每个星期四和朋友们的比赛当作一场决赛，唯一和职业比赛不同的是，现在最重要的是"加时赛"——赛后和朋友们的闲聊以及聚餐。

时间，仍然是这个词。

我加入了尤文图斯的管理层，这是安德烈亚·阿涅利的意思，对此我由衷感激。通常来说，球员退役后顶多成为教练，成为经理则象征着一种巨大的信任和尊重，标志着一种深厚而又绵延不绝的友情。

我很满意现在的角色，因为我有机会辅佐一位年轻的主席，一个爱球、懂球又踢球的男人。

安德烈亚和我很像，他为人处世永远抱着一颗平常心。

足球正在丧失其最原始的魅力，唯一的拯救方法是淡化场外因素对足球的影响，让球员只思考竞技层面的问题，无须成为一些不相关的符号和代表。

球员不是军人，不用承担一座城市对另一座城市的仇恨。他们不是球迷，只要不做对不起自己球衣的事情就行了，至于那些被伪装成信仰和忠诚的无聊事，就让无聊人去做好了。

我为尤文图斯踢的最后一场比赛是在2009年5月31日；为捷克国家队踢的最后一场则是在2006年8月18日。

这是两个重要的日子，因为在职业生涯最后的5年里，我总要面对继续还是退役的抉择，每一次我的回答都是"我还行"。当我感觉自己不行了，或者是到不了那个高度了，就停下来。

但这仅仅是两个官方的告别，虽然两次的场面都让人动容，但还是官方的。

对于帕维尔·内德维德来说，足球永远没有告别，至少没有真正的告别。我现在还参加比赛，一场只会带来快乐的比赛。

这场比赛的球员除了我，还有我童年的朋友们、都灵的邻居们，有啤酒肚大叔，有我儿时的偶像，还有安德烈亚；比赛的场地不定，有时候在我成长的小镇，有时在尤文图斯的训练基地；时间固定为每个星期四。这场比赛没有聚光灯，观众是妻子、亲戚和朋友们。

他们一直伴随着我，还将继续伴随着我，平凡地生活下去。

后记：明天

生命中总有一些人是与众不同的。时光飞逝，仿佛每天都是一样的，生命之轮却往往在不经意间加速：你习惯的一切，突然有一天就进入了另一种节奏。在我看来，帕维尔之于我就是这样的：我看着他在球场上奔跑，痛苦，幸福，哭泣，欢笑。我们成为朋友，一起奔跑，痛苦，幸福，哭泣，欢笑。现在，他和我一起接受了一项新的挑战，那就是把尤文图斯带回曾经的荣光中去。他成了尤文图斯的一名管理者，因为他体内燃烧着一种和我一样永恒的激情。他的新生活，还是与尤文图斯紧密相连，他要把老一辈的传统传承给新一代，写下新的一页。

帕维尔是个特别的人，每次面对困境，他都不会把肩上的重担交给别人，相反，无论是在场内还是场外，他都主动参加到战斗中来。在转折的关键时期，他都是斗志最昂扬的那个，从不缴械投降。

这本书里的故事，帕维尔从没有和别人讲过。米凯莱·达拉伊（本书合著者）和帕维尔联手完成了一次漂亮的铲球，他们献给足球爱好者一部佳作。在这本书里，你们了解到的不仅是帕维尔个人的故事，还有他那一代人许多共同的回忆。读毕本书，也许你已经发现，一路追逐梦想是一件艰难但却美妙的事。帕维尔是个从不退缩也从不让你失望的人。

尤文图斯俱乐部现任主席　安德烈亚·阿涅利

附录：内德维德职业生涯全记录

基本信息

姓名：帕维尔·内德维德

生日：1972年8月30日

出生地：捷克斯洛伐克，海布

国籍：捷克

身高：180cm

体重：73kg

职业信息

位置：中场

退役日期：2009年5月31日

职业生涯

青年队

1977—1985年　斯卡尔纳塔特兰

1985—1986年　海布

1986—1990年　比尔森TJ斯柯达

1990年　塔博尔

1990—1991年　布拉格杜克拉

成年队　联赛出场/进球

1991—1992年　布拉格杜克拉　19场/3球

1992—1996年　布拉格斯巴达　98场/26球

1996—2001年　拉齐奥　138场/33球

2001—2009年　尤文图斯　247场/51球

国家队

1994—2006年　捷克　91场/18球

国家队荣誉

欧洲杯亚军（1996年，英格兰）

联合会杯季军（1997年，沙特）

注：所有数据均来自维基百科

俱乐部出场记录（数据截至2009年5月31日）

尤文图斯出场次数最多的外国人（327次）

尤文图斯进球数第7的外国人（65球）

场均进球率0.21个

职业生涯俱乐部进球记录

1991—1992年　布拉格杜克拉

　联赛19场/3球

1992—1993年　布拉格斯巴达

　联赛18场/0球

　联合会杯5场/0球

1993—1994年　布拉格斯巴达

　联赛23场/3球

　欧冠4场/0球

1994—1995年　布拉格斯巴达

　联赛27场/6球

　欧冠2场/0球

1995—1996年　布拉格斯巴达

　联赛30场/14球

　联盟杯8场/5球

1996—1997年　拉齐奥

　联赛32场/7球

　意大利杯3场/1球

　联盟杯3场/2球

1997—1998年　拉齐奥

联赛26场/11球

意大利杯6场/2球

联盟杯11场/2球

1998—1999年　拉齐奥

联赛21场/1球

意大利杯4场/0球

联合会杯8场/4球

意大利超级杯1场/1球

1999—2000年　拉齐奥

联赛28场/5球

意大利杯6场/1球

欧冠12场/1球

欧洲超级杯1场/0球

2000—2001年　拉齐奥

联赛31场/9球

意大利杯3场/1球

欧冠10场/3球

意大利超级杯1场/0球

2001—2002年　尤文图斯

联赛32场/4球

意大利杯4场/0球

欧冠7场/0球

2002—2003年　尤文图斯

联赛29场/9球

意大利杯1场/0球

欧冠15场/5球

意大利超级杯1场/0球

2003—2004年　尤文图斯

联赛30场/6球

意大利杯4场/0球

欧冠6场/2球

欧洲超级杯1场/0球

2004—2005年　尤文图斯

联赛27场/7球

意大利杯1场/0球

欧冠10场/3球（包括1场欧冠资格赛和1个进球）

2005—2006年　尤文图斯

联赛33场/5球

意大利杯4场/0球

欧冠8场/2球

意大利超级杯1场/0球

2006—2007年（意乙）　尤文图斯

联赛33场/11球

意大利杯3场/1球

2007—2008年　尤文图斯

联赛31场/2球

意大利杯2场/1球

2008—2009年　尤文图斯

联赛32场/7球

意大利杯3场/0球

欧冠9场/0球（包括1场资格赛）

俱乐部生涯荣誉

全国冠军

捷克斯洛伐克联赛冠军：1次

布拉格斯巴达：1992—1993赛季

捷克联赛冠军：2次

布拉格斯巴达：1993—1994赛季，1994—1995赛季

捷克杯冠军：1次

布拉格斯巴达：1995—1996赛季

意大利杯冠军：2次

拉齐奥：1997—1998赛季，1999—2000赛季

意大利超级杯冠军：4次

拉齐奥：1998年，2000年

尤文图斯：2002年，2003年

意甲冠军：3次

拉齐奥：1999—2000赛季

尤文图斯：2001—2002赛季，2002—2003赛季

意甲冠军：1次（被剥夺）

尤文图斯：2004—2005赛季

意乙冠军：1次

尤文图斯：2006—2007赛季

洲际冠军

欧洲优胜者杯：1次

拉齐奥：1998—1999赛季

欧洲超级杯：1次

拉齐奥：1999年

个人荣誉

捷克足球先生：4次

1998年，2000年，2003年，2004年

捷克金球奖：6次

1998年，2000年，2001年，2003年，2004年，2009年

欧洲金球奖①：1次　2003年

意甲最佳奖项：2次

意甲最佳外援：2003年

意甲最佳球员：2003年

意大利金盖兰奖②：1次　2003年

欧洲金足奖③：1次　2004年

FIFA 100④名单：和马索普斯特作为仅有的两名捷克球员入

选　2004年

附录

①：欧洲金球奖是由法国足球杂志《法国足球》自1956年起举办的授予每年度最优秀的欧洲足球运动员的奖项，也是世界足坛上最负盛名，影响力最大的足球奖项评选之一。1994年之前，金球奖评选对象限定为拥有欧洲国籍的球员，首位获奖球员是斯坦利·马休斯。1995年开始，评选对象放宽为效力欧洲足协成员国所属的足球俱乐部的球员。2007年开始，评选范围扩展为全球所有职业足球运动员，故2007年前的金球奖获得者也常被称为欧洲足球先生。2010年，与原国际足联世界足球先生合并为国际足球联合会金球奖，合并前最后一位获奖球员是梅西。

②：意大利金盖兰奖（Guerin d'Oro，英文：Golden Guerin），始于1976年，是由意大利体育周报《体育战报》创立评选的，该奖项颁发给在当年参加意大利甲级联赛比赛超过19场，且赛季平均评分最高的球员。所有球员的评分数据均以《体育战报》和意大利另外三大体育媒体《米兰体育报》、《罗马体育报》及《都灵体育报》的评分为标准，平均评分最高者当选。

③：金足奖评选始于2003年，由摩纳哥"世界冠军俱乐部"创办。是一个授予年龄大于29岁的杰出足球运动员的国际足球奖项。该奖项旨在表彰球员取得的成绩、个人品德和公众及专家的尊重。该奖项的特点是获得者可以在摩纳哥的"冠军大道"上留下自己的脚印。一名球员只能获得一次金足奖。金足奖在世界各国拥有18家合作媒体，每年金足奖的10位候选人名单由组委会根据18家合作媒体提供的名单综合确定。

④：FIFA 100，是2004年3月4日为纪念国际足联成立100周年，在伦敦的纪念活动上公布的历史上在世的最伟大的125名球员名单。名单中所谓的100，是指100周年纪念活动，而并非名单人数。该名单是巴西著名球星贝利拟定的。名单包括123名男球员和两名女球员（米歇尔·阿科尔斯和米亚·哈姆）。名单公布时，共有现役球员50人和退役球员75人。